SWING SIMPLY

SWING SIMPLY

Erstaunlich einfach: Golf lernen mit System

Von Jonathan Taylor und Marcel Brunnthaler

THE MOVE

G.O.L.F. TIME

G.O.L.F.-TIME Verlag GmbH
Truderinger Straße 302 · 81825 München
Telefon (089) 42 71 81 81 · Telefax (089) 42 71 81 71
E-Mail: redaktion@golftime.de · www.golftime.de

Autor:
Jonathan Taylor
Adaption aus dem Englischen und fachliche Beratung:
Marcel Brunnthaler
Layout und Satz:
Rudi Kopp, Gilching-Geisenbrunn
Reproduktion:
high-end dtp-service Hellmuth, Augsburg
Druck:
Ludwig Auer GmbH, Donauwörth
Fotos:
Marcel Brunnthaler
Umschlagfoto:
Gregor Bresser
Herausgegeben:
Mai 2006, 1. Auflage

ISBN: 3-00-018480-5

*„Golf lernen ist wirklich einfach!
Lassen Sie sich nicht verwirren
durch komplizierte Golftechnik –
wir lehren den leichtesten Weg."*

Jonathan Taylor

VORWORT

Es ist etwa sieben Jahre her, als ich von dem Münchener Institut für Sportwissenschaften eingeladen wurde, an einem Forschungsprojekt teilzunehmen. Das Institut hatte kurz zuvor eine spezielle Ausrüstung für Bewegungsanalyse im Wert von über einer Millionen Dollar angeschafft, um die menschlichen Bewegungen besser erforschen zu können. Heute wird vergleichbares Equipment, bestehend aus diversen High-Speed-Kameras, Sensoren und Computern vor allem dafür verwendet, Computer Animators dabei zu helfen, menschliche Bewegungen für Videospiele oder Filme zu reproduzieren. Die ursprüngliche Intention der Wissenschaftler war jedoch, die menschlichen Bewegungen besser verstehen zu lernen. Mit diesem Wissen können schließlich Sportler besser trainiert werden.

Professor Klaus Schneider und sein Team haben mit ihren Bewegungsanalyse-Geräten die Golfschwünge von 25 Golf Professionals aufgezeichnet. Seine Intention war die Golfschwünge zu vergleichen, sie zu analysieren und mit den Beschreibungen des Golfschwunges in der Golfliteratur und in Golfvideos zu vergleichen. Die Möglichkeit, mit Hilfe der speziellen Ausrüstung biomechanische Bilder am Computer zu konstruieren erlaubten es ihm, genau zu erkennen, was jede einzelne Muskelgruppe, jedes Gelenk und jede Sehne zu jedem beliebigen Zeitpunkt im Golfschwung exakt tut. Sein Verständnis von sowohl Biomechanik als auch Physik brachten ihn relativ schnell zu dem Ergebnis, dass das, was in den Golfbüchern und -videos über den Golfschwung gesagt wird, nicht mit dem übereinstimmt, was tatsächlich beim Golfschwung passiert.

Als er mich mit dieser sensationellen Erkenntnis konfrontierte, war ich regelrecht geschockt. Schließlich habe ich mein eigenes Spiel und meine Lehrmethode auch auf diverse einschlägige Werke gestützt, die er nun sprichwörtlich auseinander genommen und quasi widerlegt hatte. Die Ergebnisse des Sportwissenschaftlers haben mich dazu angespornt, jeden einzelnen Aspekt meines Golfwissens zu hinterfragen. Ich habe nicht nur begonnen, die Golftechnik und den Golfschwung zu studieren, sondern auch die psychologischen Aspekte des Golf-Lernens und -Spielens. Swing Simply ist das Ergebnis dieses Studiums – eine erstaunlich einfache und effektive Methode, das Golfspiel zu erlernen. Ganz ohne unnötige Informationen, die nichts anderes tun, als die Lernfähigkeit zu blockieren!

Obwohl vor allem Ungenauigkeiten dazu führten, dass ich meine eigenen Untersuchungen anstellte, sind es die psychologischen Aspekte des Golfspiels, die mir gerade beim Golf Unterrichten helfen. Dabei ist Kommunikation der Schlüssel zum Erfolg! Es bringt Ihnen nichts, wenn ich zwar verstehe, wie der Golfschwung funktioniert, Ihnen dieses Wissen jedoch nicht weitergeben, sprich Ihnen den Golfschwung erklären, oder besser: vermitteln kann. Ein Buch ist ein zweidimensionales Medium und somit nicht optimal, um einen Sport zu lehren. Deshalb haben wir uns dafür entschieden, die wichtigsten Informationen in Form von Bildern zu kommunizieren. Über 170 Bilder zusammen

mit einfachen Erklärungen und vielen, vielen Übungen werden Ihnen helfen, ein Gefühl für den Golfschwung zu bekommen!
Im Grunde gibt es drei Typen von Informationen, die Sie benötigen, um den Golfschwung zu erlernen beziehungsweise zu verbessern: visuelle, tonal/didactical und kinästhetische. Also was Sie sehen, was Sie hören und was Sie fühlen. Diese drei Typen bilden eine Lernkette vom Verstehen über die visuelle Interpretation bis hin zum Gefühl. Nur auf diese Weise können Sie effektiv das Golfspielen lernen und Ihren Golfschwung verbessern. Wichtig: Der Golfschwung wurde in der Vergangenheit schlicht falsch gelehrt – ganz einfach, weil die dafür benötigten Informationen so schwer zu entschlüsseln waren.
Das Informationsproblem: Nur sehr wenige Golfer verstehen die Gründe, die hinter ihrem Erfolg stecken und jene, die das tun, verkomplizieren ihr Wissen zumeist. Zu viele Informationen, selbst wenn sie richtig sind, können Ihnen schaden! Das liegt an dem Drang Ihres Gehirns danach, den Schwung verstehen und kontrollieren zu wollen. Je mehr Informationen das Gehirn erhält, desto mehr wird es versuchen, den Golfschwung zu kontrollieren. Wenn das Gehirn jedoch erst einmal jeden Teil des Golfschwunges kontrolliert, ist es zu spät, noch etwas zu verändern.
Das visuelle Problem: Der Golfschwung ist für das menschliche Auge schlicht zu schnell, was dazu geführt hat, dass etliche Ansichten und Aussagen, die über den Golfschwung gemacht wurden, schlicht falsch sind. Der Golfschwung ist zumindest zu einem gewissen Anteil eine optische Täuschung. Ihre Augen werden mit falschen Perspektiven ausgetrickst! Selbst mit Hilfe moderner Kameras ist ein spezifisches Verständnis von Biomechanik nötig, um zu verstehen, was Sie sehen.
Das kinästhetische Problem: Sie können leider nicht in den Körper eines guten Golfers schlüpfen, um zu spüren, was er wie macht und wie sich das anfühlt. Allerdings brauchen Sie dieses Gefühl, um einen korrekten Golfschlag zu machen. Hinzu kommt, dass Ihre Gefühle lügen. Sie mögen vielleicht glauben, exakt das zu tun, was Ihnen ihr Pro gesagt hat – aber tun Sie das denn wirklich?
Es gibt da etwas, was „kinästhetische Perzeption" genannt wird und das Maß Ihrer Fähigkeit bezeichnet, zu fühlen, was unterschiedliche Körperteile tatsächlich tun und wo sich diese zu unterschiedlichen Momenten einer Bewegung befinden. Dieser Fähigkeit verdanken wir es, dass Sie eine Treppe hochlaufen können, ohne hinzufallen. Dass Sie Auto fahren können, ohne auf die Pedale und den Schaltknauf sehen zu müssen. Oder dass Sie drei Bälle auf einmal jonglieren können ohne hinzusehen. Leider ist diese Fähigkeit nicht bei allen Menschen gleich gut ausgebildet. Mit steigendem Alter lässt diese Fähigkeit zudem nach.
Dieses Buch wird Ihnen ein detailiertes Bild des Golfschwunges zeichnen und ihn Ihnen mit einfachen Worten erklären. Es wird Ihnen außerdem Übungen zeigen, mit Hilfe derer Sie das Wissen in Muskelerinnerungen konvertieren können. Dann wird Sie dieses Buch Schritt für Schritt durch die verschiedenen Schläge, die Sie auf der Runde brauchen, führen und Ihnen zeigen, dass sie nicht mehr sind als Variationen eines einzigen Themas.
In diesem Sinne viel Spaß und Erfolg mit Swing Simply, Ihr Jonathan Taylor.

SYSTEM 1

Swing Simply: Das ist Golfen mit System. Genauer gesagt Golfen mit drei Systemen

Indem unzählige Bewegungen beobachtet und beschrieben wurden, die Bestandteil eines guten Golfschwunges sind, wurde der Golfschwung in der Vergangenheit regelrecht zu Tode analysiert. Diese Tatsache an sich stellt meiner Meinung nach bereits eines der Hauptprobleme beim Erlernen des Golfschwunges dar. Viel zu viele kleinste Körperbewegungen wurden analysiert, ohne zu verstehen, wie diese zusammenarbeiten und so Bewegungssysteme erzeugen. Die Entwicklung voneinander getrennter „Schwung-Systeme" hat es mir ermöglicht, den Körper in nur drei Bereiche zu unterteilen, exakt zu erklären, welche Funktion jeder dieser Bereiche hat und wie diese trainiert werden können.

Bei Swing Simply wird jeder Bereich getrennt voneinander trainiert und schließlich zu einem Ganzen zusammengefügt. So gelingt es Swing Simply, den Golfschwung auf das Wesentliche zu reduzieren und Sie somit nicht nur von unnötigen Bewegungen, sondern vor allem auch von unnötigen Gedanken zu befreien.

Die physikalischen und mentalen Probleme beim Erlernen des Golfschwunges zu überwinden ist eine echte Herausforderung. Der Schlüssel zum Erfolg ist es, die einzelnen Teile des Schwunges und ihre Aufgabe zu verstehen. Dieses Verständnis kombiniert mit einfachen Übungen macht es Ihnen möglich, den Schwung zu üben, bis er in Fleisch und Blut übergeht.

Dieses Buch wird Ihnen helfen, schnell und einfach die wichtigsten Aspekte des Golfspiels – Schwung, Chipping, Pitching, Bunkerspiel und Putting – zu lernen und auf der Runde umsetzen zu können. Sowohl Anfänger als auch fortgeschrittene Spieler werden so von diesem klar aufgebauten Buch profitieren.

System 1. Das erste Schwung-System ist die Körperachse, die durch einen korrekten Stand und die richtige Bewegung des Körpers definiert wird. Die Arme und Hände lassen wir in diesem System noch außen vor.

Bisher wurde dem Golfer meistens beigebracht, den Körper in viele verschiedene Bereiche zu unterteilen, so dass diese alle individuell trainiert werden können. Das ist nicht notwendig und verantwortlich für die vielen störenden Gedanken über den eigenen Schwung wie „Was sollen meine Knie tun?", „Dreht sich meine Hüfte richtig?" oder „Was machen eigentlich meine Schultern?" etc. Wenn Sie sich auf die richtige Hauptbewegung – deren Voraussetzung ein korrekter Stand ist – konzentrieren, ergibt sich der Rest von ganz alleine.

Der Stand. Sehen Sie sich die Bilder auf den nächsten Seiten genau an, um die richtige Ansprechposition einzunehmen. Ich stehe parallel zur Ziellinie, meine Beine sind nur leicht gebeugt und mein Oberkörper ist von den Hüften an soweit nach vorne geneigt, dass der Winkel zwischen dem Rücken und der Vertikale etwa 30 bis 34 Grad beträgt. Das Gewicht liegt vorne über der Fußmitte. Sie können diese Haltung ganz einfach kontrollieren, indem Sie Ihre Arme hängen lassen. Zwischen Ihren Händen und Oberschenkeln sollte nun etwa eine Handbreite Platz sein. Vielleicht hilft es Ihnen zu wissen, dass sich dieser Stand durchaus so anfühlt, als würden Sie wie eine Ente mit herausgestrecktem Pürzel dastehen – das ist völlig normal, gewöhnen Sie sich an dieses Gefühl!

Tech Talk. Dieser Oberkörper-Winkel ist in zahlreichen Sportarten zu finden, da er sicher stellt, dass der Körper über der Fußmitte ausbalanciert ist, während die Wirbelsäule hilft, den Unterkörper zu stabilisieren und mit

dem Oberkörper zu verbinden. Denken Sie daran, dass die Wirbelsäule nicht gerade, sondern S-förmig ist – daher kommt auch das Gefühl, wie eine Ente dazustehen. Wenn sich Ihr bisheriger Stand anders und für Sie besser anfühlt, liegt das daran, dass Sie sich an Ihren falschen Stand gewöhnt haben.
Wenn Sie Ihren Oberkörper in der Ansprechposition zu weit nach vorne beugen, wird Ihre Hüfte einknicken, was eine instabile Wirbelsäule beim Schwung zur Folge hat. Ist Ihr Oberkörper zu aufrecht, wird sich Ihre Hüfte beim Schwung nach vorne schieben. Vor allem Frauen tendieren zu diesem Fehler – schließlich haben Sie Jahre lang geübt, beim Gehen möglicht sexy mit den Hüften zu wackeln. Damit beeindrucken Sie zwar die Männer, meine Damen, Ihrem Golfschwung hilft es nicht.

Irgendwie schräg. Wenn Sie sich die Frontansicht der Ansprechhaltung anschauen, werden Sie sehen, dass meine Wirbelsäule leicht nach rechts geneigt ist. Das liegt daran, dass ich den Golfschläger später mit der rechten Hand unterhalb der linken greifen werde. Obwohl es vielleicht so aussehen mag, als wäre mein Körpergewicht eher rechts, ist es gleichmäßig auf beide Füße verteilt, da meine Hüfte ganz automatisch leicht nach links gewandert ist.

Tech Talk. Die Wirbelsäule bestimmt die Schwungachse, indem Sie dafür sorgt, dass sich der Körper ganz natürlich zum Ziel hin dreht. Gerade Anfänger betrachten ihre Ansprechposition oftmals als absolut symmetrisch. Diese Fehlinterpretation ist die Ursache zahlreicher schlechter Ansprechpositionen und Schwungfehler.

Der Stand

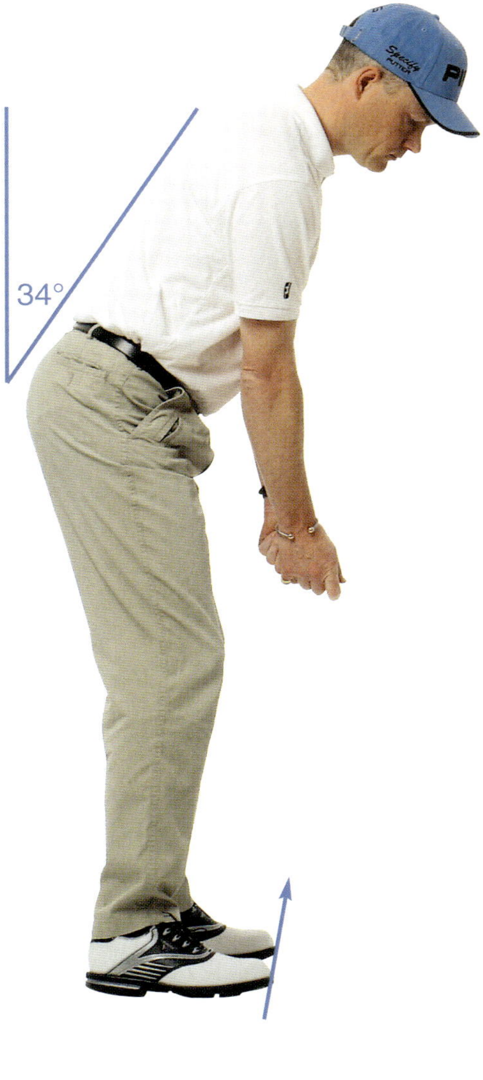

*Ansprechposition:
Stehen Sie mit leicht gebeugten Knien parallel zur Ziellinie. Der Rücken ist dabei etwa 30 bis 34 Grad nach vorne geneigt*

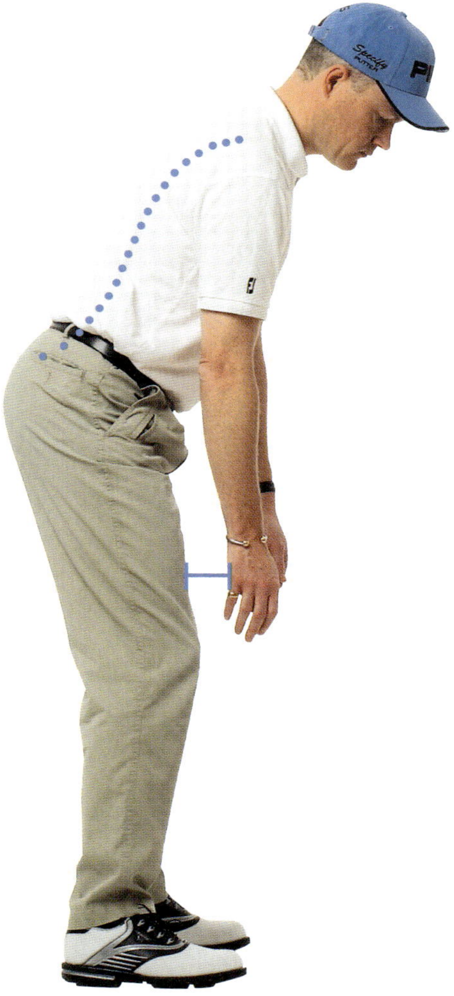

Haltungs-Check I:
Lassen Sie die Arme hängen.
Zwischen Händen und Oberschenkeln
sollte nun etwa eine Handbreite
Platz sein

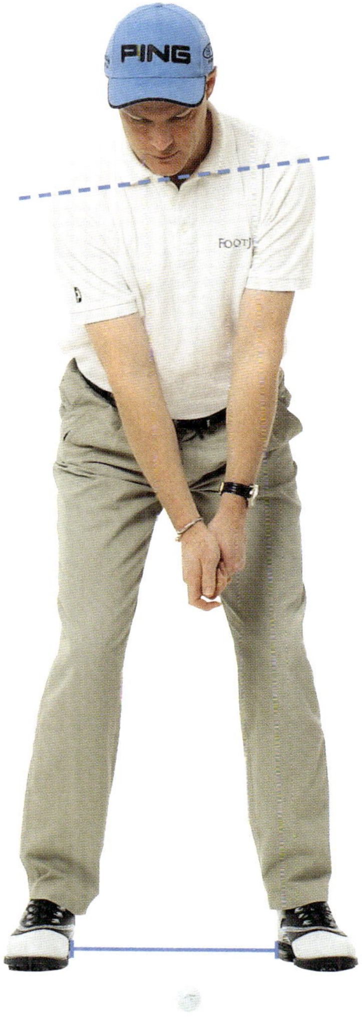

Haltungs-Check II:
Der Stand ist etwa schulterbreit und die
Wirbelsäule leicht nach rechts gebeugt.
Trotzdem ruht das Körpergewicht auf der
Mitte der beiden Füße gleich verteilt

Übung. Schauen Sie sich die Bilder der einfachen Schwung-Übung auf dieser Seite mindestens zehn Minuten lang an, bis Sie diese selbst mit geschlossenen Augen exakt vor sich sehen. Wichtig – und das gilt nicht nur für das gesamte Buch: Je besser Sie die Bewegung visuell verstanden haben, desto kleiner werden die Fehler letztendlich sein, die Ihr Körper bei der Bewegung macht.

Tech Talk. Kinder versuchen nicht, eine Bewegung zu verstehen, sondern lernen sie, indem sie die Bewegung ganz automatisch visualisieren. Sie beobachten und machen nach, lernen aus ihren Fehlern und wiederholen die Bewegung bis sie funktioniert. Dabei wollen sie nicht wissen warum, sondern nur wie. Kinder haben das Glück sehr schnell lernen zu können, da sie eine Phase des Lernprozesses auslassen: Das Bedürfnis die Bewegung zu verstehen. Erwachsene könnten nahezu genauso schnell lernen, wenn sie nur damit aufhören würden, die Unterrichtsstunden zu hinterfragen oder zu versuchen zu verstehen, was sie tun bzw. tun sollen. No chance – ich weiß!

Rückschwung. Stellen Sie sich vor, dass Ihre Wirbelsäule die Achse eines Rades ist. Es bleibt auch dann nach vorne und zur Seite geneigt, wenn Sie Ihren Oberkörper nun gleich um dieses herum drehen (siehe Fotos rechts). Natürlich wird sich dabei nicht nur Ihr Oberkörper drehen – der gesamte Körper bis hinunter zu den Fußspitzen folgt der Bewegung. Sehen Sie sich die Bilder an, dann sehen Sie in welchem Maß. Drehen Sie sich beim Rückschwung soweit Sie können bzw. bis sich Ihre linke Schulter unterhalb Ihres Kinns befindet. Ältere Golfer werden

Übungen

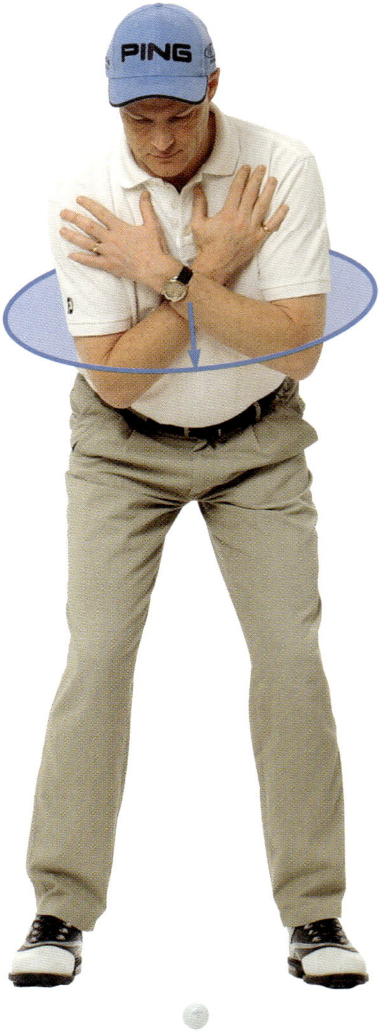

Step 1:
Nehmen Sie die Ansprechposition ein und überkreuzen die Arme vor der Brust

*Step 2: Holen Sie nun aus.
Dabei folgt der . . .*

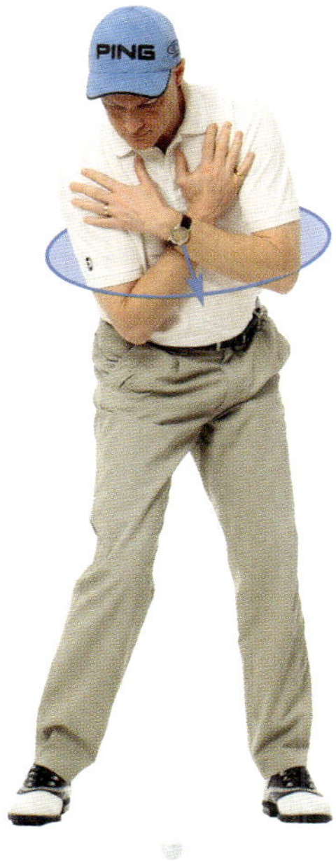

*Step 3: Drehen Sie sich
zurück in die andere . . .*

*Step 4: Drehen Sie soweit, bis
Ihre rechte Schulter unter . . .*

*. . . gesamte Körper
dem Solar Plexus (Pfeil)*

*. . . Richtung. Und zwar
durch den Ball hindurch*

*. . . Ihrem Kinn angelangt ist.
Nun zeigt der Solar Plexus
etwa in Zielrichtung*

1 Nehmen Sie die normale Ansprechposition ein – ohne Schläger
2 Überkreuzen Sie Ihre Arme vor der Brust
3 Ausholen: Drehen Sie sich soweit wie möglich nach rechts – und zwar ohne, dass sich Ihr rechts Bein streckt
4 Legen Sie Ihre rechte Hand auf Ihre rechte Hüfte und drehen Sie sich wieder zurück nach links, bis Ihre Schultern wieder parallel zur Ziellinie ausgerichtet sind
5 Die rechte Hand hilft, den Winkel zwischen Hüfte und Schultern aufrecht zu erhalten, den Sie durch das Ausholen geschaffen haben

sich möglicherweise nicht so weit drehen können – drehen Sie einfach so weit es komfortabel ist!

Konzentrieren Sie sich bei dieser Drehung auf den Solar Plexus bzw. die Mitte des Brustkorbes. Diesem Punkt folgt die gesamte Bewegung. Erlauben Sie Ihrem Körperschwerpunkt, mit der Ausholbewegung auf die Innenseite des rechten Fußes zu wandern – das wird ganz automatisch der Fall sein, wenn Sie Ihre Knie leicht gebeugt lassen. Ihr rechtes Bein wird möglicherweise versuchen, sich zu strecken, was Sie verhindern müssen, wodurch eine Spannung im gesamten Körper aufgebaut wird, die dabei hilft, die Bewegung in die andere Richtung einzuleiten.

Auch wenn sich die Wirbelsäule bei dieser Bewegung faktisch etwa zwei bis vier Zentimeter nach rechts bewegen wird, sollten Sie das Gefühl haben, dass sich Ihr Kopf nicht bewegt.

Durchschwung. Sobald Sie die Grenzen dieser Rückschwung-Bewegung erreicht haben, drehen Sie sich zurück in die andere Richtung, durch die Ausgangsposition hindurch. Da die Hüfte beim Ausholen nicht so weit gedreht hat, wie die Schultern, erreicht die Hüfte ihre Ausgangsposition vor den Schultern und kippt dann leicht, um das Kippen der Wirbelsäule zu kompensieren. Das passiert von ganz alleine und spielt eine bedeutende Rolle im Golfschwung. Wenn die Schultern wieder ihre Ausgangsposition erreichen, ist die Hüfte bereits weiter in Richtung Ziel gedreht. Der Winkel zwischen Schultern und Hüfte erzeugt also (von oben gesehen) ein X. Dieser Winkel wird deshalb „X-Faktor" genannt. Der Begriff wurde übrigens erstmals von dem amerikanischen Golftrainer Jim McLean verwendet. Drehen Sie sich schließlich weiter, bis Ihre rechte Schulter unter Ihrem Kinn angelangt ist und sich Ihr linkes Bein nahezu vollständig gestreckt hat. Dabei ist es unbedingt erforderlich, dass Sie mit Ihren Augen während der gesamten Bewegung einen Punkt auf der Ziellinie zwischen Ihren Beinen fixieren. Tipp: Legen Sie bei dieser Übung einfach einen Ball auf den Boden. Sie können diese Übung mit vor der Brust überkreuzten Armen oder mit einem Schläger, den Sie hinter Ihrem Nacken halten, durchführen. Die Arme und Hände sollten die Bewegung allerdings nicht leiten, das ist Aufgabe des Solar Plexus.

Dieses erste Schwung-System ist die Basis Ihres Golfschwunges und für die Konstanz des Schwunges zuständig. Dabei bildet die Wirbelsäule die Hauptachse des Golfschwunges. Wie bei der Achse eines Rades läuft das Rad nur rund, wenn die Achse stabil ist. Wenn sich die Achse vertikal oder horizontal bewegt, eiert das Rad. Wenn Sie hier Fehler machen, werden die Arme und Hände versuchen müssen, die Fehler des Körpers zu kompensieren!

Wiederholen Sie nun die Übung und verkürzen Sie die Drehung nach links, so dass sie aufhört, sobald die Schultern ihre Ausgangsposition erreicht haben. Beim Golfschung ist das alles, was der Körper aktiv zu tun hat – die weitere Drehung in Richtung Ziel und die aufrechte Endposition sind das Resultat der beim Golfschwung auftretenden (Flieh-)kräfte. Der Schläger zieht den Körper quasi bis in die Finish-Position.

Üben, üben, üben. Vielfaches Wiederholen führt dazu, dass eine Bewegung auto-

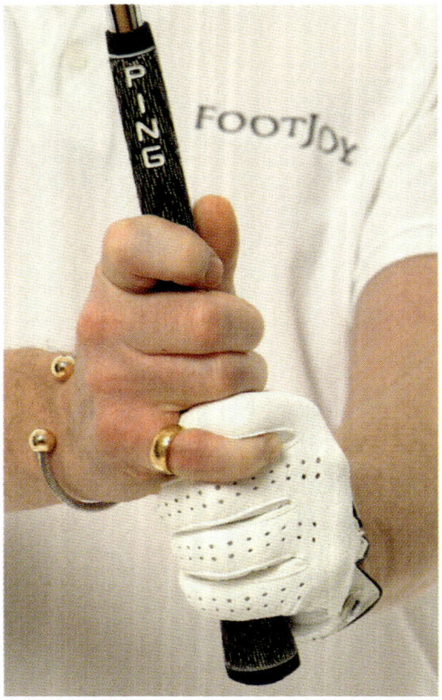

Vardon-Griff: Der kleine Finger liegt „huckepack" zwischen linkem Zeige- und Mittelfinger

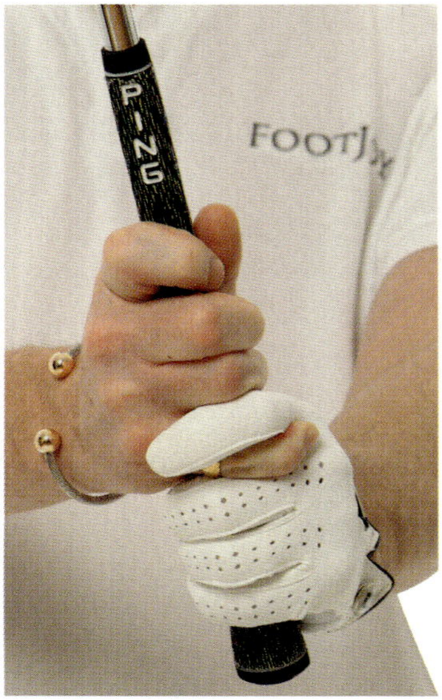

Interlock-Griff: Der kleine Finger der rechten Hand und der linke Zeigefinger sind miteinander verhakt

Baseball-Griff: Beide Hände nebeneinander. Der linke Zeige- und der rechte kleine Finger berühren sich

matisiert wird, also aus dem bewussten Teil Ihres Kopfes in „Fleisch und Blut" übergeht. Wissenschaftler haben bewiesen, dass es mindestens 1.800 Wiederholungen benötigt, diesen Transfer zu gewährleisten.

Sie sollten die gezeigten Übungen daher die nächsten sechs Wochen lang 50-mal am Tag wiederholen. Wenn sie bereits Golf spielen, werden Sie möglicherweise gegen bereits automatisierte falsche Bewegungen ankämpfen müssen, weshalb es noch wichtiger ist, diese einfachen Übungen konsequent durchzuführen.

Der Griff. Da es für das Erlernen des zweiten und dritten Schwung-Systems notwendig ist, einen Golfschläger zu halten, ist es empfehlenswert, den Schläger gleich richtig zu greifen. Auch das sollte täglich geübt werden – sehen Sie sich dazu die Bilder und Beschreibungen auf diesen Seiten an. Beim Golfschwung wird der Schläger aufgrund von auftretenden Zentrifugalkräften nach außen gezogen. Ein falscher Griff führt dazu, dass sich der Schläger deshalb im Treffmoment verdreht.

Der Griff

Step 1: Stehen Sie aufrecht, lassen Sie die Arme locker hängen und nehmen Sie ein Eisen sieben in Ihre linke Hand

Step 2: Halten Sie den Schläger so vor Ihrem Brustkorb, dass die Kante des Schlägerblattes senkrecht nach oben zeigt

Step 3: Der Handballen liegt nun auf der Oberseite, der Daumen auf der rechten Seite des Griffes

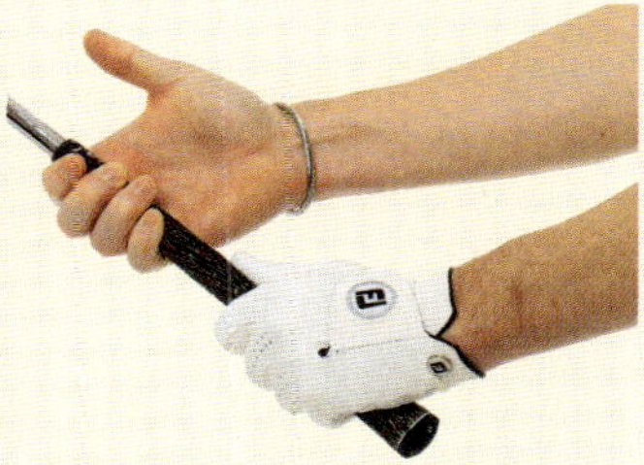

Step 4: Nehmen sie nun die rechte Hand dazu. Halten Sie den Schläger am Ende des Griffes zunächst nur mit den Fingern

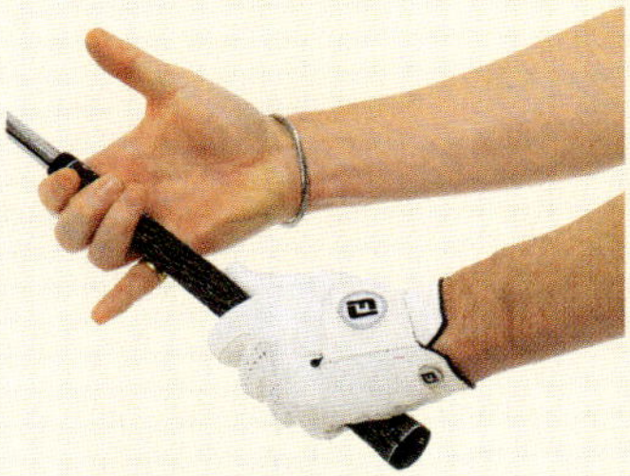

Step 5: Strecken Sie den kleinen Finger der rechten Hand aus. Alternative 1: Beim Interlock-Griff (s. li.) strecken Sie auch den Zeigefinger der linken Hand. Alternative 2: Beim Baseball-Griff (s. li.) strecken Sie weder den kleinen Finger noch den Zeigefinger

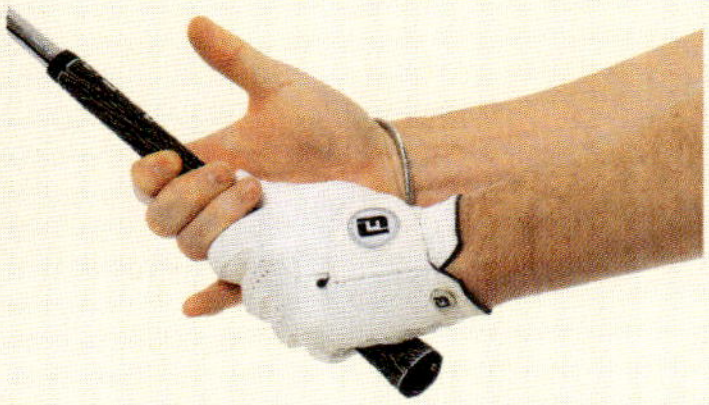

Step 6: Gleiten Sie mit der rechten Hand soweit nach unten, bis der rechte Ringfinger neben dem linken Zeigefinger liegt

Step 7: Legen Sie den kleinen Finger zwischen dem linken Zeige- und Mittelfinger sowie den rechten Daumen über dem linken Daumen ab. Der rechte Daumen liegt auf der linken Seite des Griffs

Es ist so einfach: Wie beim Werfen eines Balles bewegen sich die Arme auch beim Golfschwung von unten nach oben zum Ziel hin

SYSTEM 2

Nachdem wir nun eine stabile Basis und Achse für unseren Schwung haben, kümmern wir uns in diesem Kapitel um den Armschwung. Auch wenn es zwar der Schläger ist, der den Ball in Bewegung setzt – es sind die Arme, die den Schläger bewegen. Es erscheint also mehr als logisch, dass der Ball dahin fliegen muss, wohin sich die Arme bewegen. Sie müssen mit den Armen folglich in Zielrichtung schwingen. Das klingt einfach – zumindest so lange sich Ihr Körper nicht gleichzeitig bewegt!

Missverständnis. Der Armschwung ist das zweite System von Swing Simply. Genau dieses System wird von den meisten erwachsenen Anfängern völlig missverstanden. Wenn Sie sich einen Golfschwung anschauen und diesen zu verstehen versuchen, werden Sie wahrscheinlich kaum erkennen, was die Arme tatsächlich tun. Kein Wunder also, dass die meisten Freizeitgolfer ihre Arme vor dem Körper wie Scheibenwischer nur nach rechts und links bewegen, anstatt wie bei einer Wurfbewegung von unten nach oben. Das liegt wohl daran, dass sie nicht berücksichtigen, dass sich der Oberkörper während des Armschwunges mitdreht. Wenn Sie den Armschwung völlig von der Körperdrehung trennen, wird Ihnen die Armbewegung wahrscheinlich völlig falsch erscheinen. Schauen Sie sich zum besseren Verständnis die Bilder auf diesen Seiten genau an.

Step 1: Den Ball ansprechen

Hoch, runter, hoch. Wenn Sie einen Ball von unten werfen, werden Sie erkennen, dass die Arme vor dem Oberkörper von unten nach oben schwingen – und nicht von rechts nach links. Diese Bewegung ist Bestandteil einer größeren Aktion rund um das Schultergelenk. Wenn Sie einen Golfschläger schwingen, benutzen Sie natürlich beide Hände bzw. Arme, wobei jeder Arm versucht, um seine eigene Achse herum in Richtung Ziel zu schwingen. Das gibt Ihnen das Gefühl, dass der Körper bei Weitem weniger tut als Ihre Arme – und bei Weitem weniger, als er tun könnte (und tun möchte).

Step 4: Ausholen (wie bei 2)

Drill. Folgende Übung (s. Fotos rechts) soll Ihnen helfen, den richtigen Armschwung mit der Körperdrehung zu kombinieren. Nehmen Sie dafür die gewohnte Ansprechposition ein

Step 2: Die Arme hochnehmen

Step 3: Zurück zu Step 1

Step 5: Zurück in die Mitte

Step 6: Und aurchschwingen lassen

Synchronisation: Setzen ...

... Sie die Körperdrehung und ...

und lassen Sie die Arme hängen (1). Stellen Sie sich vor, Sie hätten einen Golfschläger in den Händen. Dabei ist zwischen Ihren Händen und Oberschenkeln etwa eine Handbreite Platz. Schwingen Sie Ihre Arme nun vor dem Körper bis auf Brusthöhe nach oben, ohne dabei Ihren Oberkörper zu drehen (2), und wieder nach unten – in die Ausgangs-Ansprechposition (3). So sollte sich der Armschwung anfühlen! Und jetzt mit Körperdrehung: Drehen Sie Ihren Oberkörper nach rechts, während Sie die Arme vor Ihrer Brust heben – genau wie in Schritt 2. Wenn sich Ihr Brustkorb um etwa 90 Grad gedreht hat, müssen Ihre Arme in etwa Brusthöhe erreicht haben (4). Halten Sie den X-Faktor aufrecht und drehen Sie sich wieder zusammen mit den Armen zurück in die Ausgangsposition. Rechtzeitig bevor die Schultern wieder parallel zur Ziellinie sind, berührt der linke Arm die linke Brust, während die Unterarme automatisch zurück in ihre Ausgangsposition rotieren (5).

Die Arme haben nun soviel Energie, dass sie selbstständig weiter rotieren, weiter nach oben und nach links schwingen, was dazu führt, dass sich Ihr Körper automatisch weiter drehen wird (6). Dabei werden Ihre Arme ohne Ihre aktive Hilfe nach links schwingen, wenn der Schwung schneller wird. Wie gesagt: Es sind die Zentrifugalkräfte, die den Körper in seine Endposition ziehen. Wiederholen Sie diese Schritte und fügen Sie sie zu einer flüssigen Bewegung zusammen. 50 mal am Tag, sechs Wochen lang!

Und jetzt zusammen. Sowohl die Körperdrehung, als auch der Armschwung müs-

. . . den Armschwung zu einer . . .

. . . flüssigen Bewegung zusammen

sen zwar getrennt voneinander betrachtet werden, aber perfekt miteinander synchronisiert werden. Tipp: Dabei bleiben die Hände im Prinzip immer vor der Mitte des Brustkorbes; sie bewegen sich nur hoch und runter. Die Synchronisation dieser beiden Systeme erfordert tägliches Training!

Sie müssen spüren, dass beide Bewegungen zusammen starten und die Arme vor der Brust nach oben – und nicht wie Scheibenwischer nach rechts und links – schwingen. Im Durchschwung sollte keine dieser beiden Bewegungen dominieren. Beide gehen „durch den Ball" in Richtung Ziel. An diesem Punkt ist es wichtig zu verstehen, dass der Körper dabei nicht exakt in dieselbe Position zurückkehrt, in der er gestartet ist: Die Hüfte hat sich – wie gesagt – bereits leicht in Richtung Ziel gedreht.

Tech Talk. Diese Bewegung wird Ihnen möglicherweise aus verschiedenen Gründen schwierig vorkommen. Das Hauptproblem ist ein ganz natürliches: Unser Gehirn hat Probleme damit, zwei gegenläufige Bewegungen zu koordinieren, ohne dass die eine dabei die andere beeinflusst. Das führt in der Regel dazu, dass die Arme um den Körper herum schwingen und sich der Körper auf und ab bewegt.

Sie kennen sicher den einfachen Test, der zeigt, wie gut Ihre Fähigkeit, verschiedene Bewegungen miteinander zu koordinieren, ausgeprägt ist: Machen Sie mit Ihrer linken Hand eine kleine kreisende Bewegung rund um Ihren Bauchnabel und klopfen Sie dabei mit der rechten Handfläche auf Ihren Kopf. Wenn Ihnen das schwer fällt, ist das ein Zeichen für Koordinationsprobleme.

Noch dazu kommt, dass sich der Körper erheblich weniger weit drehen muss, als die Arme schwingen. Das bedeutet, dass die Arme deutlich schneller schwingen müssen, als Sie Ihren Körper drehen, wenn beide Systeme gemeinsam den Treffmoment erreichen sollen. Machen Sie sich aber keine allzu großen Gedanken darüber. Üben Sie regelmäßig Ihren Schwung und Ihr Hirn wird lernen, beide Bewegungen voneinander getrennt auszuüben.

Die Körperdrehung und der Armschwung arbeiten teilweise gegengerichtet, gleichzeitig unterstützen und stabilisieren sie sich jedoch auch. Genau dieses subtile Zusammenspiel unterschiedlicher Systeme ist es, das Tour-Spieler in beneidenswerter Leichtigkeit und Harmonie demonstrieren.

Jetzt geht's los. Wenn Sie halbwegs mit den Bewegungen zurecht kommen, nehmen Sie ein Eisen sieben und wiederholen Sie die identischen Bewegungen nun mit dem Golfschläger. Halten Sie dabei Ihre Handgelenke ruhig und versuchen Sie, beide Arme (locker) gestreckt zu lassen. Sie werden merken, dass der rechte Arm beim Schwung nach rechts und der linke Arm beim Schwung nach links sich ein wenig beugen wird. Das ist völlig okay. Sie sollten nur das Gefühl haben, dass Sie den Schläger die gesamte Bewegung über – also während Sie Ihre Arme und den Schläger erst weg und dann in Richtung zum Ziel schwingen – im selbem Abstand zum Körper halten.

Visualisieren. Stellen Sie sich den Golfschwung wie eine Kinderschaukel vor: Sie

Mit Schläger: Arme und ...

... Schläger pendeln ...

sind der Baum, Ihre Beine der Stamm und Ihr Oberkörper der Ast, an dem die Schaukel hängt. Und die Schaukel: das sind Ihre Arme. Mit Hilfe dieses kleinen Gedankenspiels möchte ich versuchen, Ihnen zu erklären, was Ihr Körper beim Golfschwung tatsächlich tut.

Ihr Oberkörper muss den Schwung unterstützen. Und Ihre Arme müssen entlang der Ziellinie zurück und wieder vorwärts durch die Ausgangsposition schwingen. Auch wenn die Arme nicht vertikal wie eine Schaukel schwingen: Diese Vorstellungsübung wird Ihnen helfen, den Golfschwung besser zu verstehen.

So lange Sie keinen stabilen Baum gefunden haben und die Schaukel nicht fest mit dem Ast verbunden ist, würde ich Ihnen davon abraten, Ihr Kind schaukeln zu lassen. Soll heißen: Für einen kontrollierten Golfschwung brauchen Sie eine stabile, ausbalancierte Basis.

Zurück zu unserem Schaukel-Gedankenspiel. Was Ihnen klar sein muss: Weder der Baum noch die Schaukel – keines dieser beiden „Systeme" – ist für die Power des Schwunges verantwortlich. Power generiert das Kind – oder exakter: die Beine des Kindes. Sie wissen sicher, wie es das macht: Wenn das Kind zurück schwingt, zieht es die Beine an. Am tiefsten Punkt „kickt" es die Beine dann nach vorne.

Beim Golfschwung sind es die Handgelenke: Sie „heben" den Schläger beim Ausholen an und „kicken" ihn im Abschwung durch den Ball in Richtung Ziel.

Genau dieser Schleuder-Effekt ist für die Schlägerkopfgeschwindigkeit verantwortlich!

. . . auf ihren eigenen . . .

. . . Ebenen um Ihren Körper

Mit Ball: Sprechen Sie den ...

... Ball an, holen Sie locker ...

Dabei würde jeder Versuch, die beiden anderen Systeme einzusetzen in einem Verlust an Kontrolle resultieren.

Fehler und Folgefehler. Sie bestimmen also mit Ihrem Armschwung die Richtung des Ballfluges. Jeder Fehler in diesem Bereich führt dazu, dass die Hände und der Körper versuchen werden, diese(n) Fehler zu kompensieren.

Schwingen Ihre Arme zum Beispiel links am Ziel vorbei, wird der Ball exakt dorthin fliegen. Wenn Sie nun versuchen gerade zu schlagen, indem Sie (unbewusst) die Handgelenke im Treffmoment leicht aufmachen, wird der Ball eine Kurve nach rechts machen (Slice). Schwingen Ihre Hände rechts vom Ziel vorbei und machen Sie Ihre Handgelenke (als Kompensation) zu, ist das Resultat ein Hook, also ein Ballflug der nach rechts startet und dann nach links abdreht.

Viele Golfer haben ihre Kompensations-Bewegungen geradezu perfektioniert und können den Ball somit trotz ihres schlechten Armschwunges und der falschen Körperdrehung geradeaus spielen. Nur leider führt dies in der Regel zu unkonstanten Schlägen und Einbußen in puncto Länge, da die Hände nicht in der Lage sind, ihren Job richtig auszuüben, nämlich: für optimale Schlägerkopfgeschwindigkeit im Treffmoment zu sorgen.

Mit Ball. Legen Sie einen Golfball zwischen Ihre Füße. Wie weit der Ball dabei vor Ihnen liegt, hängt vom Schläger und Ihrer Körpergröße ab. Denken Sie dabei daran, dass nun beim Ansprechen des Balles eine Handbreite Platz zwischen Ihren Händen und Ober-

... aus und schwingen Sie ...

... durch den Ball hindurch

schenkeln sein sollte. Das mittellange Siebener-Eisen ist der optimale Schläger, um an der Technik zu arbeiten.

Je länger der Schläger ist, desto weiter liegt der Ball vor Ihnen, der Stand bleibt jedoch identisch. Stellen Sie sich, wenn Sie den Ball schlagen, vor, dass der Ball beim Schwung quasi im Weg liegt. Sie müssen nämlich durch den Ball hindurch schwingen – ganz so, als wäre er gar nicht da. Halten Sie dabei die Handgelenke ruhig, bis der linke Arm die linke Seite des Brustkorbes berührt. Dann folgt das durch den Schläger herbeigeführte „Rollen" des Unterarmes und der Hand – wie Sie es bereits ohne Schläger geübt haben. So isoliert wird es Ihnen leichter fallen, den Armschwung mit der Körperdrehung zu koordinieren, während Sie einen Ball in Richtung Ziel schlagen.

Denken Sie dabei daran, dass die Richtung des Armschwunges auch die Richtung des Ballfluges ist. Überprüfen Sie daher immer wieder, ob Ihre Arme erstens zum Ziel schwingen und sich zweitens Ihre Handgelenke nicht bewegen. Sollten Sie den Ball dabei toppen, überprüfen Sie (oder besser ein Pro/Freund), ob Sie erstens den Winkel der Wirbelsäule beim Schwung beibehalten, zweitens die Arme beim Schwung nicht zu sehr beugen und drittens sich Ihre Handgelenke nicht zu sehr bewegen.

Übung macht den Meister. Niemand hat das Spiel über Nacht erlernt. Stellen Sie sich also darauf ein, dass Sie diese Bewegungen so lange üben müssen, bis sie in Fleisch und Blut übergegangen sind.

Das dritte und letzte System ist für die Schlägerkopf-Geschwindigkeit verantwortlich. Zwar gibt es viele Theorien darüber, wie man einen Ball möglichst weit schlägt, die einleuchtendste aber ist: Schlägerkopfgeschwindigkeit! Je schneller Sie den Schlägerkopf durch den Ball hindurch schwingen, desto weiter wird dieser fliegen.

SYSTEM 3

Drei Systeme, ein Schwung: Jonathan Taylor demonstriert, wie einfach Golf sein kann

Speed. Wenn Sie noch einmal reflektieren, was Sie in den ersten beiden Kapiteln bereits gelernt haben, sollten Sie in der Lage sein, die Vorteile und Grenzen Ihres neuen Schwunges zu verstehen.

Sie haben jetzt eine solide Basis und Schwungachse, sodass Ihre Arme auf einer Ebene zum Ziel schwingen. Gerade Schläge sollten somit kein Problem mehr sein. Allerdings fehlt es noch an gewünschter Weite. Das Problem ist der Körper, der sich nun mal nicht besonders schnell drehen kann, ohne den Armen voraus zu sein und/oder die Balance zu verlieren. Da die Hände vor dem Körper auf- und abschwingen, ist auch ihre Schwunggeschwindigkeit durch die Geschwindigkeit der Arme limitiert. Ein Golfpro wird im Treffmoment etwa eine Handschwung-Geschwindigkeit von 30 km/h erreichen, dennoch schwingt der Schlägerkopf dabei aus verschiedenen Gründen deutlich schneller (u. a. ist der Schlägerkopf weiter weg vom Mittelpunkt des Schwungradius als die Hände). Doch das alleine reicht nicht, um den Ball wirklich weit zu schlagen.

Handgelenkeinsatz. Die Handgelenke während des Schwunges im richtigen Moment abzuwinkeln, sie zu „lösen" und damit „rollen" zu lassen, wird die Schlägerkopfgeschwindigkeit im Gegensatz zu den Händen verfünffachen – was einen Speed von über 150 km/h bedeuten kann. Und das heißt: richtig weite Schläge! Um Ihre Handgelenke richtig einsetzen zu können, müssen Sie sich zunächst ein gutes Bild davon machen, wie und wie stark sie eingesetzt werden. Schauen Sie sich die drei Fotos rechts an. Während ich einen Schläger vor meinem Körper halte, winkle ich die Handgelenke in Richtung meines linken Daumens bzw. der rechten Schulter. Wie Sie sehen können, sind die Handgelenke nicht in der Lage, sich sehr stark abzuwinkeln. Tatsächlich wäre es ohne einen Schläger in meinen Händen für Sie kaum zu erkennen, dass das Abwinkeln überhaupt irgendeine Auswirkung hat. Wegen der Länge des Schlägers reicht allerdings eine kleine Handgelenkbewegung aus, um einen erheblichen Effekt auf den Schlägerkopf zu haben. Und genau dieser Effekt ist es, der für die Schlägerkopfgeschwindigkeit zuständig ist.

Das Lösen der Handgelenke kurz vor dem Treffmoment erfordert keinen einzigen bewussten Gedanken. Indem Sie Ihre Arme einfach nach unten schwingen, wird die Wucht des Schlägers die gewinkelten Handgelenke lösen – solange der Griff nicht zu fest ist.

Timing. Die Handgelenkbewegung in den Golfschwung einzubauen, ist vor allem ein Timing-Problem. Der richtige Zeitpunkt des Handgelenkeinsatzes ist nämlich absolut essenziell.

Beginnen Sie Ihren Schwung genauso wie bei der letzten Übung in Kapitel 2 (s. S. 28/29) – allerdings ohne Ball. Fangen Sie an, Ihre Handgelenke abzuwinkeln, sobald Ihre Hände auf Höhe des rechten Oberschenkels sind, so dass Sie schließlich auf Brusthöhe abgewinkelt sind. Tun Sie dies zunächst sehr langsam und achten Sie darauf, dass Ihr Körper und Ihre Arme nichts anderes tun als bisher. Leiten Sie dann den Abschwung ein und schwingen Sie mit Ihren Armen und Händen zum Ball. Jetzt vergessen Sie Ihre Handgelenke am besten und drehen Sie sich zurück zur Ausgangsposition. Sobald der linke Ober-

Kleine Ursache, große Wirkung: Ich winkle meine Handgelenke nur minimal ab und der Schlägerkopf legt eine große Strecke zurück

arm gegen den Brustkorb stößt, wird ein Katapulteffekt erzeugt, der dazu führt, dass sich die Handgelenke lösen, strecken und rotieren (s. Fotos auf Seite 34/35).

Tech Talk. Einen Katapulteffekt erzielen Sie durch eine abrupte Richtungsänderung oder ein abruptes Stoppen. Wenn ein Auto eine Vollbremsung macht, fliegen nicht angeschnallte Passagiere durch die Windschutzscheibe. Das Gleiche passiert beim Golfschwung mit den Handgelenken, wenn der Armschwung durch den Kontakt des linken Oberarmes mit dem Brustkorb abgebremst wird: Der Schläger schwingt ungebremst weiter, wenn sich die Handgelenke „lösen" und „rollen".

Schwungebene. Sie sollten nun auch überprüfen, ob Sie Ihre Handgelenke richtig abwinkeln, sodass sich der Schläger auf der richtigen Schlägerebene befindet. Ohne den Handgelenkeinsatz ist der Schläger eine einfache Verlängerung der Arme und somit gezwungen exakt so zu schwingen, wie es die Arme vorgeben. Sobald Sie jedoch Ihre Handgelenke abwinkeln, kommt Leben ins Spiel! Der Schläger scheint nun seinen eigenen Weg zu gehen und wird zusätzlich von anderen physikalischen Kräften beeinflusst, die beim Golfschwung auftreten. Das müssen Sie im Hinterkopf behalten, wenn Sie den Schläger schwingen. Wenn Sie Ihre Handgelenke richtig abwinkeln, sollte der Schlägerknauf auf Brusthöhe des Rückschwunges auf einen Punkt knapp vor dem Ball zeigen (s. Foto auf Seite 36). Infolgedessen werden Sie die physikalischen Kräfte dabei unterstützen, den Schlägerkopf durch den Ball hindurch zu schwingen.
Es ist schnell passiert, dass Sie Ihre Handgelenke zu früh abwinkeln und der Schläger

daraufhin von schräg außen kommt oder den Boden vor dem Ball berührt. Konzentrieren Sie sich darauf, die Körperdrehung mit dem Armschwung zu koordinieren. Versuchen Sie nicht, den Ball mit Ihren Händen zu schlagen! Lassen Sie Ihre Handgelenke in dem Moment von alleine lösen, wenn Ihr linker Oberarm auf den Brustkorb trifft. Das erzeugt den Katapulteffekt und somit einen Energietransfer sowie ganz automatisch den richtigen Handgelenkeinsatz. Es ist genau diese Phase des Golfschwunges, die für den Erfolg dieser Methode verantwortlich ist. Sie können das bei jeder Wurfbewegung beobachten, z. B. wenn der Speerwerfer seinen Vorderfuß setzt oder wenn der Bowler stoppt bevor er den Ball los lässt. Es ist das abrupte Abbremsen des Körpers des Speerwerfers das den Katapulteffekt erzeugt.

Entgegen der allgemeinen Meinung müssen Sie nicht versuchen, Ihre Arme möglichst schnell durch den Treffmoment zu schwingen. Im Gegenteil: Sorgen Sie dafür, dass sie durch den Körpereinsatz geblockt und abgebremst werden.

Indem sich der Schläger löst und die Handgelenke rotieren, wird der Schwung Sie automatisch in Richtung Ziel ziehen. Das ist übrigens die Hauptursache für die Gewichtsverlagerung am Ende des Golfschwungs. Ihr Körper und Ihr Gleichgewichtssinn werden sich der Gewichtsverlagerung von ganz alleine widersetzen, damit Sie nicht die Balance verlieren.

Der geneigte Winkel der Wirbelsäule und konsequenterweise das Strecken Ihres linken Beins geben Ihrem Körper die nötige Unterstützung, um das Gleichgewicht zu halten. Das alles passiert ganz automatisch. Tatsächlich ist es so, dass der Widerstand des Kör-

Handgelenkeinsatz: Beginnen Sie mit dem . . .

Beim Durchschwung werden sich die Hand- . . .

. . . Abwinkeln der Hände beim Rückschwung, sobald sie auf Höhe des Oberschenkels sind.

. . . gelenke erst kurz vor dem Treffmoment wieder lösen und durch den Ball „rollen“

pers die Schlägerkopfgeschwindigkeit erhöhen wird.
Und nun versuchen Sie es mit Ball. Machen Sie zunächst langsame und sanfte Schläge. Konzentrieren Sie sich dabei vor allem darauf, die drei Systeme zu koordinieren und dabei die ganze Zeit über den Winkel Ihrer Wirbelsäule beizubehalten. Machen Sie sich keine Gedanken darüber, dass Ihre Unterarme durch den Treffmoment hindurch rollen.
Tipp: Die meisten Golfer befürchten, dass der Ball nach links fliegen könnte, wenn die Unterarme auf diese Weise rollen. Wie Sie sehen können, ist das nicht der Fall. Der Ball berührt das Schlägerblatt lediglich eine Dreizehntausendstelsekunde. Ihm ist es also völlig egal wo der Schläger nach dem Treffmoment hinzeigt.
Der richtige Handgelenkeinsatz wird Ihnen nicht nur zu mehr Weite verhelfen, sondern auch zu mehr Backspin, der für einen optimalen Ballflug absolut essenziell ist. Backspin hilft dem Ball nach oben zu steigen und dann länger in der Luft zu bleiben. Ebenso ist es wichtig, dass der Ball nach der Landung auf dem Grün möglichst schnell liegen bleibt, was ebenfalls entscheidend von dem Backspin abhängt, den Sie dem Ball mitgeben. Vereinfacht kann man sagen: Je schneller der Schläger durch den Ball schwingt und je besser der Treffwinkel ist, desto stärker der Backspin.
Wiederholen Sie diese Übung sechs Wochen lang mindestens 50 mal täglich, um die gewünschten Resultate zu erzielen. Die vielfachen Wiederholungen werden Ihren Körper für die richtige Bewegung sensibilisieren und den Golfschwung als Einheit automatisieren, ohne dabei die einzelnen Systeme zu vergessen. Das wird vor allem später noch von Bedeutung sein, wenn es darum geht, am Ballflug zu arbeiten, um Hindernisse zu umrunden, über- oder unterwinden oder den einfachsten Weg zum Grün zu wählen.

Check: Die Verlängerung des Schlägers zeigt knapp vor den Ball

Der volle Schwung. Obwohl wir alle zwei Arme und zwei Beine haben, ist genau das der Punkt, wo die Gemeinsamkeiten der Golfer aufhören. Es ist offensichtlich, dass sich abhängig von den anatomischen Unterschieden jeder Golfschwung mehr oder weniger stark unterscheidet. Genau das spielt eine entscheidende Rolle für die natürlichen Schwunggrenzen. Der Vollschwung wird üblicherweise als ein Golfschwung beschrieben, bei dem der Schläger an der höchsten Stelle des Schwungs parallel zum Boden ist. Aber wie viele Golfer können diese Position tatsächlich erreichen, ohne dass sich fatale Fehler beim Golfschwung einschleichen? In der Tat nur sehr wenige Golfer. Diese Definition des Vollschwungs ist also nicht sehr hilfreich! Viele Golfer, die glauben, wie Tiger Woods schwingen zu müssen, ignorieren ihre physischen Grenzen. Sie vernachlässigen den Winkel Ihrer Wirbelsäule, winkeln den linken Arm ab oder lösen den Griff, nur um den Schläger parallel zum Boden zu bekommen. Wenn Sie alles drei gleichzeitig machen, werden Sie wie John Daly aussehen – allerdings wohl kaum genauso schlagen können.

Die Beweglichkeit Ihres Körpers und Ihrer Wirbelsäule sind verantwortlich dafür, wie weit Sie ausholen können. Die meisten Freizeitgolfer werden bereits Probleme damit haben, Ihre Schultern um 90 Grad zu drehen und dabei das rechte Knie gebeugt zu lassen. Golfprofis haben, seit Sie begonnen haben Golf zu spielen, nichts anderes gemacht, als sich zu drehen und dabei ihren Körper zu dehnen. Das erlaubt es ihnen, ihre Schultern um mehr als hundert Grad zu drehen.

Der Armschwung wird beim Ausholen von Ihrem Kinn gestoppt, so dass selbst die Länge Ihres Halses und der Umfang Ihres Oberarmes Auswirkungen auf die Länge Ihres Rückschwunges haben. Und alle Golfer, egal ob dick oder dünn, können ihre Handgelenke um maximal 70 Grad abwinkeln.

Wenn wir nun die drei Schwungsysteme kombinieren, werden Golfer mit unterschiedlichen Figuren unterschiedlich weit ausholen können. Das ist einfach so. Was für den einen Golfer ein Vollschwung ist, mag für einen anderen nicht einmal ein halber Schwung sein.

Synchronisation. Nehmen Sie nun einen Schläger und schlagen Sie zunächst sehr langsam ein paar Bälle. Versuchen Sie, die drei Systeme perfekt zu koordinieren und steigern Sie nur langsam die Schwunggeschwindigkeit. Sie werden merken, dass das wesentlich schwerer fällt, je weiter Sie ausholen und möglicherweise viele Bälle schlecht treffen. Haben Sie Geduld – es braucht nun mal seine Zeit, bis die Bewegung in Fleisch und Blut übergeht, sprich automatisiert wird. Die drei Systeme zu synchronisieren ist nämlich die wahre Herausforderung bei diesem Spiel. Grund: Ihr Körper liegt lediglich eine sehr kurze Distanz zurück – etwa zehn Zentimeter nach rechts und links – während Ihre Hände etwa zehn mal so weit schwingen: bis zu einem Meter.

Als wir Messungen unter Laborbedingungen vorgenommen haben, haben wir herausgefunden, dass sich das Brustbein mit nicht einmal drei km/h bewegt hat, während die Hände im Treffmoment fast 30 km/h erreicht haben. Abhängig von der Schlägerlänge bewegte sich der Schlägerkopf dabei mit bis zu mehr als 180 km/h. Das führt dazu, dass Ihr Körper selbst mit dem Driver immer das Gefühl haben wird, er könnte noch viel mehr tun. Selbst Ihre guten Schläge werden sich also womöglich anfühlen, als hätten Sie nicht ihre ganze Power genutzt.

DIE SCHWUNG-EBENE

Nichts ist so entscheidend für den gesamten Golfschwung wie eine solide Schwungebene. Doch was und wo genau ist eigentlich die Schwungebene? Jonathan Taylor lichtet den Nebel und erklärt Ihnen, wie Sie Ihre Schwungebene finden und Ihren Schwung entscheidend verbessern.

Wenn Golfer von der Schwungebene reden, dann ist die Neigung bzw. der Winkel des Golfschlägers zum Boden an bestimmten Punkten des Golfschwunges gemeint. Ich könnte sicherlich ein eigenes Buch über die Schwungebene schreiben – aber genauso wie ich versuche andere Bestandteile des Golfspiels so einfach wie möglich zu erklären, werde ich auch das Thema Schwungebene simplifizieren.

Sich des Bildes von Ebenen zu bedienen, um den Golfschwung zu erklären, kann es einfacher machen, die Fehler zu verstehen, die Sie bei Ihrem Golfschwung machen. Dabei sind Schwungebenen ganz einfach Winkel der Neigungen zwischen dem Körper (System 1), den Armen (System 2) und dem Schläger (System 3).

Ebene 1. Die einfachste Ebene, innerhalb derer Sie schwingen, ist die Körper-Ebene. Ein konstanter Golfschwung setzt voraus, dass Sie innerhalb dieser Ebene schwingen.

Wie ich bereits erwähnt habe, müssen Sie die Wirbelsäule bzw. die Körperebene beibehalten, bis Sie den Ball getroffen haben. Sie müssen dafür zum einen die Entfernung zwischen Körper und Ball und andererseits die Ausrichtung der Schwungachse kontrollieren.

Ebene 2. Auch die Arme sollten beim Golfschwung innerhalb einer Ebene schwingen. Sie müssen in exakt dem Winkel auf und ab schwingen, so dass sie im Treffmoment (beinahe) wieder ihre Ausgangsposition erreichen. Aufgrund der Fliehkräfte, die den Golfschläger im Abschwung quasi aus Ihren Händen ziehen, werden die Arme und Hände allerdings leicht angehoben. Wenn Sie Ihre Arme beim Ausholen zu sehr von Ihrem Körper wegschwingen (zu steil) oder zu weit hinter Ihrem Körper ausholen (zu flach), werden Sie Mühe haben und Fehler riskieren, um den Schläger wieder zurück zum Ball zu bekommen. Wenn Sie Ihre Hände jedoch innerhalb der Ebene schwingen, finden sie ihren Weg zurück zum Ball quasi von ganz alleine.

Ihre Arme auf der richtigen Ebene zu schwingen ist der Schlüssel, der ihnen hilft, ihren Weg zurück zum Ball von ganz alleine zu finden. Sie können sich also voll und ganz auf das Ziel konzentrieren.

Ebene 3. Die Schlägerebene wird in dem Moment festgelegt, in dem Sie Ihre Handgelenke winkeln. Ein Golfschlag ohne Handgelenkeinsatz würde dazu führen, dass der Schläger das tut was die Arme vorgeben. Indem Sie die Handgelenke winkeln, erlauben Sie dem Schläger, sein Ziel selbst zu beeinflussen. Die physikalischen Gesetze besagen, dass der Schläger immer versuchen wird, in seine eigene Extension zu kommen. Damit das möglich ist, müssen Sie bewerkstelligen, dass der Ball im Abschwung auf der natürlichen Verlängerung des Schlägers liegt. Aufgrund der Schnelligkeit des Abschwunges müssen Sie hierfür bereits beim Ausholen den richtigen Winkel vorgeben. Achten Sie dafür darauf, dass der Schläger, wenn Sie Ihre Handgelenke etwa auf Brusthöhe winkeln, auf einen Punkt unterhalb des Balles zeigt (s. Foto Seite 43).

Wenn sie mit den drei Systemen beim Rückschwung auf der Ebene bleiben, schaffen Sie die Voraussetzungen dafür, dass der Abschwung automatisiert wird. Der Körper bleibt so – bezogen auf den Ball – in der selben Position, die Arme werden ganz automatisch zurück zu ihrer Ausgangsposition

Ebene 1: Die Ebene, die Ihre Ansprechposition vorgibt. Behalten Sie die Neigung Ihrer …

… Wirbelsäule beim Ansprechen des Balles während des gesamten Schwunges bei

Ebene 2: Beim Golfschwung wird der Armschwung von der Bewegung anderer Körperteile sowie physikalischen Kräften beeinflusst. Sie haben nahezu keine Zeit, die Arme zurück zum Ball zu führen – das muss also ganz automatisch passieren

gelangen und der Schläger muss zurück zum Ball schwingen. Kurz gesagt: Der Ball liegt so beim Schwingen im Weg. Sie können also damit aufhören, sich Gedanken darüber zu machen, ob Sie den Ball sauber treffen und sich darauf konzentrieren, das Ziel zu treffen.

Training. Die Ebenen zu üben ist nur deshalb so schwierig, weil Sie sich selbst wäh-

Ebene 3: Etwas steiler als die Verlängerung der Linie Schläger/Ball, da die Fliehkräfte diese Ebene flacher „ziehen"

rend des Golfschwunges nicht sehen können und einen Fehler wahrscheinlich nicht spüren werden. Genau deshalb ist es so wichtig, dass Sie mit Ihrem Pro an Ihren Ebenen arbeiten und sich dabei einer Videokamera bedienen, um Ihre Fehler identifizieren zu können. Es ist dann nur noch eine Frage der richtigen Übungen, bis Ihr Körper die drei Systeme von selbst auf den Ebenen bewegt.

DER ERFOLGS-RHYTHMUS

Warum glauben Sie, verbringt ein Golfpro täglich viele Stunden auf der Driving Range? Er arbeitet am Synchronisieren der drei Systeme, am Optimieren seines Schwunges und am Erhöhen des Schwungtempos, um die größtmögliche Power und Weite zu erzielen.

Ganz einfach zu konstanten
Golfschlägen: Jonathan Taylor
zeigt Ihnen wie es geht

Check-Points. Legen Sie Ihr Hauptaugenmerk zunächst auf das Timing und die Koordination Ihres Schwunges. Stellen Sie sich dafür zwei Check-Punkte in Ihrem Schwung vor:
1. Brusthöhe im Rückschwung,
2. der Ball im Treffmoment.

Wenn Sie Punkt eins erreichen, sollten Ihre Arme auf Brusthöhe und Ihre Handgelenke bereits abgewinkelt sein. Im Treffmoment, wenn Ihr Brustbein auf den Ball zeigt (Check-Point zwei), sind Ihre Arme wieder vor Ihrem Körper und die Handgelenke gestreckt (s. Fotos).

Nehmen Sie ein Eisen sieben und machen Sie kleine, kontrollierte Schwünge zwischen Checkpoint eins und zwei. Timen Sie nun die drei Systeme, damit sie die zwei Check-Points synchron erreichen.

Timing ist alles. Wenn Sie nun zum Vollschwung weiterschreiten, wird die Sache schwieriger: Die Arme, Hände und der Schläger schwingen schließlich deutlich weiter zurück als sich der Körper dreht, was den Weg zurück zum Ball wesentlich schwieriger koordinieren lässt. Sie werden dabei das Gefühl haben, dass Sie in der Abwärtsbewegung des Durchschwunges auf den Schlägerkopf warten müssen, damit er zusammen mit den Armen und dem Brustbein den zweiten Check-Point erreicht.

Als nächstes müssen Sie am Schwungrhythmus arbeiten. Der Schwungrhythmus wird dabei durch den Fluss der Muskeln generiert. Einerseits müssen Muskeln arbeiten um den Schläger in Bewegung zu setzen (aktiv),

1. *Check-Point: Auf Brusthöhe sind die Handgelenke abgewinkelt*

2. *Check-Point: Die Handgelenke sind wieder gestreckt*

andererseits werden sie aufgrund der Arbeit anderer Muskelpartien oder externer Kräfte bewegt (passiv). Wenn man sich das verdeutlicht, wird verständlich, dass es das „Ausschalten" spezieller Muskelpartien ist, das zu einem flüssigen Golfschwung führt.

Der richtige Einsatz der Muskeln sieht wie folgt aus: Im Rückschwung arbeiten sie (aktiv), in der Abwärtsbewegung werden sie (zum Teil) „ausgeschaltet" (passiv) und im Durchschwung wieder „eingeschaltet" (aktiv). Die Mehrheit der Amateure lässt ihre Muskeln in allen Phasen des Golfschwunges und gerade in der Abwärtsbewegung kurz vor dem Treffmoment arbeiten und versucht aktiv den Schläger zu beschleunigen. Wenn der Ball das Ziel wäre, so wäre das nicht unbedingt verkehrt. Nachdem aber das Loch unser Ziel ist, sollten wir vor allem in der Phase vom Ball zum Ziel (passiv) beschleunigen.

Transition. Um die drei Systeme zu synchronisieren zählt allein Rhythmus. Eine einfache Übung, um Ihren Rhythmus zu finden, behilft sich des Zählens, genau wie beim Tanzen. Der Golfschwung hat jedoch seinen ganz eigenen Rhythmus. Der Rhythmus des Golfschwunges ist: eins – zwei, drei. Sie zählen „eins", wenn der Arm aufwärts bis zum Kinn schwingt. Dann folgt eine kurze Pause während sie bis zur Brust zurück schwingen. Zählen Sie „zwei", wenn der linke Arm die Brust berührt und sofort „drei", wenn sich die Handgelenke lösen.

Der wichtigste Schlag ist die Pause zwischen eins und zwei. Dieser Teil des Golfschwungs wird „Transition" genannt. Genau hier beginnen viele Golfer bereits den Ball zu schlagen. Resultat: Ihr Schwung sieht aus, als würden Sie Schlangen töten wollen. Jeder Tag sollte damit beginnen, dass Sie Ihren Rhythmus finden. Denn sobald Sie Ihren Rhythmus finden, finden Sie auch Ihren Schwung.

Ihren Rhythmus dürfen Sie niemals ändern, auch wenn sich die Schwunggeschwindigkeit abhängig von Ihrer Form ändern wird. Sie können schließlich einen schnellen oder langsamen Walzer tanzen – aber ein langsamer Walzer ist leichter. Vor jeder Runde Golf, sollten Sie zuerst herausfinden, wie schnell Sie heute tanzen – pardon – ich meine natürlich: schwingen können.

Wichtig: Sobald Sie Ihr Tempo gefunden haben, behalten Sie es über 18 Loch bei. Dabei entscheidet Ihre Armgeschwindigkeit über die Schwunggeschwindigkeit.

Den größten Fehler, den Sie machen können, ist Ihren Körper so schnell zu drehen, dass Sie es nicht schaffen, Ihre Arme rechtzeitig zurück in die Ausgangsposition zu bringen. Sie können Ihren Körper zwar ohne Probleme schneller drehen, allerdings werden Sie dann Ihren Ball umso länger suchen.

Wenn Sie Ihren Körper mit 10 km/h drehen, müssten Sie Ihre Hände mit 100 km/h schwingen, damit die Systeme synchronisiert bleiben. Das würde den Ball in den Orbit befördern! Wenn Sie Ihren Körper zu schnell drehen, werden Ihre Schultern im Treffmoment nach links vom Ziel zeigen. Resultat: Sie pullen den Ball nach links. Ihr Unterbewusstsein wird automatisch versuchen, diesen Fehler zu korrigieren, indem es das Lösen der Handgelenke unterdrückt und das Schlägerblatt öffnet, was zu einem Slice führt. Die Schulterposition im Treffmoment ist verantwortlich für die Richtung in die der Golfball fliegt.

Das macht die langen Schläger und vor allem die Hölzer so anspruchsvoll: Der Ball liegt bei den Hölzern viel weiter weg als bei den kurzen Eisen

An die Hölzer. Wenn Sie Ihr Timing, Ihren Rhythmus und Ihr Tempo gefunden haben, können Sie die Hölzer aus der Tasche holen. Vom Sechser Eisen abwärts müssen Sie den Ball deutlich weiter links von der Mitte aus spielen, bis er schließlich beim Dreier Eisen und Ihren Hölzern auf Höhe Ihrer linken Achsel liegt.

Aufgrund der Tatsache, dass Sie weiter entfernt vom Ball stehen (siehe Fotos oben) wird die Schwungebene Ihres Golfschlägers verändern: Sie wird flacher, je länger der Schläger ist (siehe Foto rechts oben).

Ich habe Ihnen bisher die notwendigsten Informationen gegeben – allerdings haben wir noch nicht über Hand- und Armrotation im Rückschwung gesprochen. Schließlich passiert dieser Part bei den meisten Golfern ganz automatisch. Damit der Golfschläger im Rückschwung auf den richtigen Punkt zeigt (ein Punkt etwas vor dem Ball), müssen sich Ihre Handgelenke bei den längeren Schlägern abwinkeln und etwas rotieren. Denken Sie daran, dass der Schläger die Hände ohne diesen speziellen Winkel irreführen wird. Er wird seinen eigenen Weg schwingen, jedoch nicht zurück zum Ball.

Ballposition. Die richtige Ballposition wird Ihnen helfen, Ihre Handgelenke korrekt abzuwinkeln, da der Winkel flacher wird, je länger die Schläger werden. Somit wird der

Derselbe Golfschwung mit kurzem Eisen und Holz: Je länger der Schläger, desto flacher wird die Schlägerebene

Gleiche Haltung, aber unterschiedliche Ballposition: Bei kurzem Eisen (links) und langem Eisen oder Holz (rechts)

Schläger ganz automatisch auf einer flacheren Schlägerebene schwingen. Sie sollten diesen Punkt auf jeden Fall einmal mit Hilfe eines Spiegels checken. Lange Eisen und Hölzer sind schwieriger auf die richtige Schwungebene zu bringen, da die Schlägerlänge und das Gewicht die Handgelenke dazu neigen lassen, sich zu früh abzuwinkeln. Die Folge: Eine verschobene, flachere Schwungebene. Warten Sie, bis Ihre Hände auf Höhe des Oberschenkels sind, bevor Sie mit dem Abwinkeln Ihrer Handgelenke beginnen, sodass der Schläger den richtigen Winkel erreicht.

Schwingen Sie mit jedem Schläger identisch und auf jeden Fall mit identischem Tempo. Sie werden jedoch wahrscheinlich unbewusst schneller schwingen, je länger die Schläger werden, da Sie den Ball weiter schlagen möchten. Dabei generieren längere Schläger aufgrund ihrer Extra-Länge von ganz alleine mehr Schlägerkopfgeschwindigkeit. Dazu kommt noch der abnehmende Loft, der dazu beiträgt, die Energie des Golfschwunges besser in die Vorwärtsbewegung des Balles zu übertragen. Der Nachteil der Extra-Länge ist allerdings die Schwierigkeit, den Schwung zu koordinieren, da mit den längeren Schäften auch stärkere Kräfte auf den Körper einwirken.

Denken Sie dabei immer an das alte Sprichwort: In der Ruhe liegt die Kraft.

POWER DURCH WIDERSTAND

Jonathan Taylor hat das Geheimnis für maximale und kontrollierte Weite gefunden: Widerstand

Viele Golfer sind der festen Überzeugung, dass Widerstand im Durchschwung nichts zu suchen hat. Sie denken, Widerstand verhindere, dass die gesamte Energie des Golfschwunges in Richtung Ziel wirken kann. In der Vergangenheit wurde teilweise sogar gelehrt, dass man im Durchschwung ein paar Schritte mit dem Golfball in Richtung Ziel gehen solle. Das ist wohl das Schlimmste, was Sie tun können! Das führt nämlich nicht nur zu einem Verlust von Kontrolle, sondern auch zu einem massiven Verlust von Power!

Schlägerkopfgeschwindigkeit. Die Power des Golfschwunges hängt von der Schlägerkopfgeschwindigkeit im Treffmoment ab. Schlägerkopfgeschwindigkeit erzielen Sie durch 1.) die Geschwindigkeit Ihrer Körperdrehung sowie 2.) des Armschwunges und vor allem 3.) durch den effektiven Einsatz Ihrer Handgelenke. Die Handgelenke sind bis kurz vor dem Treffmoment (nach rechts) abgewinkelt, sie strecken sich und rotieren „durch den Ball" und winkeln wieder (nach links) ab. All das passiert automatisch, in einem kurzen Augenblick.

Tech Talk. Um den Golfball so weit wie möglich schlagen zu können, ist ein Energietransfer von Ihnen zum Golfschläger und vom Golfschläger zum Golfball nötig. In etwa so, wie beim Schießen mit einer Pistole: Wenn die Patrone den Lauf verlässt, bewegt sich die Pistole vom Ziel weg (die Rede ist vom Rückstoß). Es ist ein physikalisches Gesetz, dass Energie, die in die eine Richtung wirkt, eine identische Kraft in die entgegengesetzte Richtung benötigt. Sie sind die Pistole – also können Sie sich nicht in Richtung Ziel bewegen! Im Gegenteil: Sie müssen einen Widerstand zur Bewegung in Richtung Ziel aufbauen. Dieses Phänomen kann bei jeder Wurfbewegung beobachtet werden. Tatsächlich ist es nämlich der Widerstand des Körpers, der einen Energie-Transfer in Richtung Ziel erst möglich macht und die Wurfaktion bzw. den Handgelenkeinsatz einleitet.

Stellen Sie sich eine beliebige Wurfsportart vor: Speerwerfen, Diskuswerfen, Weitwurf – ja sogar Bowling. Jedesmal läuft der Sportler in Richtung Ziel an und stoppt dann abrupt ab. Dabei setzt er den vorderen Fuß auf und baut mit seinem vorderen Bein und dem gesamten Körper einen Widerstand entgegen der Zielrichtung auf, so dass der Arm und die Hand den Speer, den Diskuss, den Ball oder die Kugel in Richtung Ziel „katapultieren" kann. Der Rechtshänder wirft also quasi gegen den Widerstand seiner linken Seite.

Der Golfer hat nur einen kurzen „Anlauf". Zu Beginn des Abschwungs beginnt eine

Widerstand: Bei jeder Wurfbewegung – auch beim Frisbee

Maximale Schlägerkopfgeschwindigkeit: Vor dem Treffmoment sind . . .

kleine, nur wenige Zentimeter lange laterale Bewegung von rechts nach links; zusätzlich übernimmt der Armschwung, der gegen die linke Brust „stößt“ und so abgebremst wird die Funktion des Anlaufs. Kurz vor dem Treffmoment baut der Golfer dann zusätzlich mit seinem linken Bein einen Widerstand auf, der eine weitere seitliche Bewegung nach links stoppt. In dem Moment, in dem der linke Oberarm auf die linke Brust trifft, werden die Handgelenke gelöst und somit der Schlägerkopf durch den Ball hindurch in Richtung Ziel „katapultiert“. Die Fliehkräfte sorgen dann dazu, dass der Körper weiter in Richtung Ziel „gezogen“ wird, so dass Sie letztendlich in der bekannten Finish-Position auf dem linken Fuß stehen.

Der Schlüssel. Die Neigung der Wirbelsäule in der Ansprechposition vom Ziel weg ist der Schlüssel für den Erfolg von Swing Simply. Diese Neigung ist nämlich verant-

... die Handgelenke abgewinkelt. Dann strecken sie sich durch den Ball ...

wortlich für den automatischen Aufbau des Widerstandes im Treffmoment. Sobald der Körper im Abschwung zurück zur Mitte dreht, erreicht die Hüfte die Ausgangsposition (parallel zur Ziellinie) noch vor den Schultern (da sich die Hüfte nicht so weit nach rechts gedreht hat wie die Schultern). Während sich die Hüfte weiter dreht, führt die Neigung der Wirbelsäule dazu, dass sich auch die Hüfte neigt und daraufhin das linke Bein ganz automatisch streckt. Jetzt, nur einen Augenblick vor dem Treffmoment, bilden die entgegen dem Ziel geneigte Wirbelsäule, Hüfte und Bein den Widerstand für den Armschwung.

Die Schultern sind in diesem Moment noch leicht nach rechts gedreht und haben noch nicht wieder ihre Ausgangssituation erreicht – während die Arme, Handgelenke und das Schlägerblatt in der perfekten Position sind. Exakt jetzt kommt es zum Arm-Anschlag, dem Lösen der Handgelenke und somit zu

... und winkeln schließlich wieder ab

maximaler Schlägerkopfgeschwindigkeit.
Schauen Sie sich alle Werfer an: Sie sind alle im Wurfmoment leicht entgegen der Zielrichtung geneigt. Der Körper kommt erst nach der Wurfaktion in eine aufrechte Position. Der Sportler entspannt und lässt sich von der Wurfbewegung in eine aufrechte Haltung „ziehen".
Beim Golfer ist es genauso. Nur haben wegen der hohen Geschwindigkeit des Golfschwunges viele einfach noch nicht verstanden, wie spät die Finish-Position tatsächlich erst erreicht wird.

Wie es geht. Swing Simply zu üben ist zunächst eine Sache von Wiederholungen. Dabei geht es darum, dem Körper die richtige Bewegung beizubringen, ohne dass Sie darüber nachdenken müssen. Exakt zu wissen bzw. zu fühlen, wann der Schläger durch den Ball beschleunigen muss, ist schließlich eine Frage von Intuition.

Falsch: Ohne Widerstand der linken Seite verpufft die Energie

Richtig: Power durch Widerstand. Arme und Golfschläger schwingen „gegen“ die linke Seite, erzeugen so einen maximalen Energietransfer

Drill 1: Nehmen Sie die Ansprechposition ein und überkreuzen Sie Ihre Arme vor der Brust (1). Achten Sie darauf, dass Ihre Wirbelsäule leicht nach rechts geneigt ist. Drehen Sie – wie beim Rückschwung – nach rechts (2), . . .

Drill 1. Die erste Übung ist eine Wiederholung des original Swing Simply-Drills. Dieses Mal jedoch mit Augenmerk auf das Generieren von Widerstand (s. Fotos oben). Wichtig: Ihr Körpergewicht bleibt beim Golfschwung in der Mitte oder sogar etwas rechts davon. Schließlich haben Sie keinen Golfschläger in der Hand, der Sie (aufgrund der Fliehkräfte) in Richtung Ziel „zieht". Auch mit Golfschläger sollten Sie Ihr Gewicht niemals auf dem linken Fuß haben – Ihr Körpergewicht drückt lediglich gegen den Widerstand Ihres linken Beins. Erst lange nachdem der Schläger den Ball getroffen

... dann zurück zur Mitte (3). Behalten Sie dabei den Neigungswinkel Ihrer Wirbelsäule bei, sodass sich Ihr linkes Bein streckt und einen Widerstand aufbaut (4)

hat, am Ende des Durchschwunges, stehen Sie tatsächlich (senkrecht) auf Ihrem linken Fuß.

Transition. Viele Golfer tendieren dazu, im Abschwung zu früh zu aggressiv beziehungsweise aktiv zu sein. Dabei wird die Power im Golfschwung erst kurz vor dem Treffmoment generiert.

Die Aufgabe der Überleitung vom Rück- in den Durchschwung ist es, das Schlägerblatt in die richtige Position für den Handgelenkeinsatz zu bringen und Widerstand aufzubauen.

Drill 2: Halten Sie ein Eisen in Ihrer rechten Hand. ...

... Holen Sie schulterhoch aus. Ihre linke Hand zeigt dabei...

... vor Ihre linke Ferse. Schwingen Sie Ihren rechten Arm nach unten ...

... und schlagen Sie „gegen" Ihre linke Seite und durch den Ball hindurch. ...

Drill 2. Nehmen Sie einen Golfschläger in die rechte Hand und versuchen Sie ein paar Bälle „gegen" die linke Seite zu schlagen (s. Fotos oben). Bei dieser Übung ist es wichtig, dass Sie sowohl fühlen, wie der rechte Arm und der Schläger beim Übergang vom Rückschwung in den Durchschwung herunter „fallen" als auch den Widerstand der linken Körperhälfte im Treffmoment.

Wenn Sie den Schläger nicht einfach nur fallen lassen, wird es Ihnen wahrscheinlich schwer fallen, den Ball sauber zu treffen. Eventuell sollten Sie die Übung zunächst ohne Ball probieren.

... Ihr linker Arm „blockt" quasi den Schwung

Drill 3. Schwingen Sie abwechselnd mit beiden Händen und nur der rechten Hand wie in Drill 2, bis sich beide Bewegungen identisch anfühlen. Wundern Sie sich nicht, wenn Ihr Körper aktiver ist, wenn Sie den Schläger mit beiden Händen halten. Sie sollten jedoch wissen, dass dies einen negativen Effekt auf den Schlag hat! Halten Sie also Ihren Körper ruhig und schwingen Sie Ihre Arme gegen den Widerstand Ihrer linken Seite. Und dann: Lassen Sie Ihre Handgelenke sich für maximale Power und Genauigkeit ganz einfach von selbst lösen – das passiert blitzschnell und intuitiv.

THINK SIMPLY

Ist das Glas halb leer oder halb voll? Warum können zwei Menschen ein und dieselbe Situation verschieden interpretieren? Ich behaupte ganz bestimmt nicht, dass Freud falsch liegt. Aber ich bin der festen Überzeugung, dass es beim Golf einen einfacheren Weg gibt, der zu mentaler Stabilität auf dem Golfplatz führt, als Ihre Kindheit zu analysieren. Sie sind, was Sie denken. Ihre innere Stimme zeichnet Ihre Welt und beeinflusst dabei Ihre Emotionen. Wenn Sie lernen, das kleine Teufelchen in Ihrem Kopf zu kontrollieren, werden Sie in Frieden und Harmonie auf und abseits des Golfplatzes leben können. Schließlich sind Sie selbst Ihr schlimmster Feind und Ihr engster Verbündeter zugleich. Sie entscheiden!

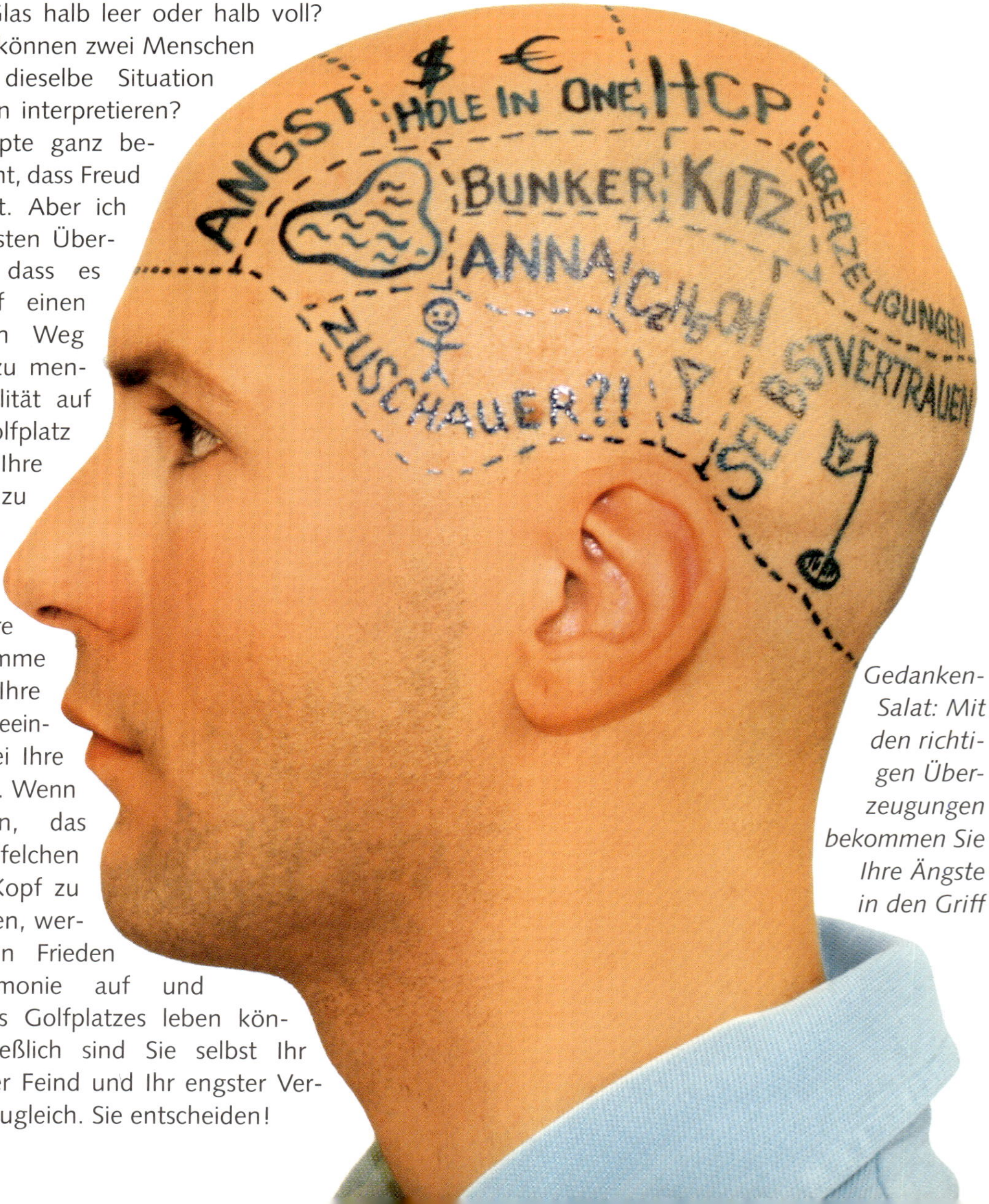

Gedanken-Salat: Mit den richtigen Überzeugungen bekommen Sie Ihre Ängste in den Griff

Stellen Sie sich vor, es gäbe einen Tisch in Ihrem Kopf. Auf der einen Seite sitzt das kleine Teufelchen und auf der anderen Seite Ihre Emotionen. Dabei lösen bestimmte Situationen einen Dialog zwischen Ihnen und dem kleinen Teufelchen aus. Blöderweise reagieren Ihre Emotionen auf diesen Dialog.

Ein einfaches Beispiel für diesen Vorgang ist, wenn Sie jemand beobachtet – egal ob bei der Arbeit oder auf dem Abschlag. „Die Leute schauen Dir zu", fordert Sie das kleine Teufelchen heraus. Ihre Emotionen hören den Worten des kleinen Teufelchen genau zu und reagieren dementsprechend: Das erste psychische Zeichen für schwache Nerven wird ausgelöst. Dabei ermuntert die Reaktion der Emotionen das Teufelchen, weiterzusticheln: „Mach jetzt ja keinen Fehler!" sagt es und ruft somit eine erneute Reaktion der Emotionen hervor. „Was hast Du nur gestern für einen Idioten aus Dir gemacht. Tu das ja nicht noch mal" fährt es fort und Sie beginnen innerlich regelrecht zu zittern. „Du kannst es eh nicht. Gib auf!" – spätestens jetzt wäre es an der Zeit, alles stehen und liegen zu lassen und sich einen Drink zu genehmigen. Ihr Körper ist nämlich aufgrund des emotionalen Nebels, der Ihre sensorischen Funktionen blockiert, nicht mehr in der Lage, koordiniert zu funktionieren.

Die Emotionen sind direkt mit Ihrer Physis verbunden, was zur Folge hat, dass Sie physisch auf Ihre Gedanken reagieren. Diese Reaktion kann ein leichtes, flaues Gefühl in der Magengegend sein, oder aber massive, unkoordinierbare Körperbewegungen. Dieses Problem ist keineswegs auf den Golfplatz beschränkt. Tatsächlich stellen mittlerweile zahlreiche Psychologen die Verbindung zwischen Depressionen und ähnlichen Krankheitsbildern und einem übermächtigen „Teufelchen" her. Zur schlimmsten Form, der Zwangsneurose, kommt es, wenn der Dialog so aggressiv wird, dass der Patient handlungsunfähig wird. Die wenigen, die bereits Erfahrungen mit Yips gemacht haben, werden dies nur bestätigen können.

Auch wenn die Mehrheit der Menschen ihr Teufelchen im richtigen Leben durchaus im Griff hat, gibt es einige bedeutende Übereinstimmungen zwischen dem Verhalten abseits des Golfplatzes und auf ihm.

Ein gutes Beispiel ist der Autofahrer, der merkt, dass jemand hinter ihm regelrecht an seiner Stoßstange klebt. In diesem Moment hat er zwei einfache Optionen: Auf die Seite fahren und den Drängler vorbei lassen oder ihn ignorieren und so weiter fahren, wie zuvor. Auf dem Golfplatz haben Sie eine ähnliche Auswahlmöglichkeit, wenn Sie sehen, dass jemand hinter Ihnen ist.

Unglücklicherweise machen die meisten Golfer weder das eine, noch das andere: Sie ignorieren den Flight hinter ihnen weder, noch lassen Sie ihn durchspielen. Stattdessen beginnen Sie einen inneren Dialog: „Was machen die denn da hinter uns?" fragt das Teufelchen. Abhängig von der Art und Weise, wie Sie das Ihr Teufelchen fragt, reagieren Ihre Emotionen entweder nervös oder verärgert. „Das können die doch nicht tun!", sagt das Teufelchen verärgert, oder: „Vielleicht spiele ich zu langsam" nervös. Auf welche Art Ihre Emotionen auch reagieren mögen – Ihr Spiel wird davon beeinträchtigt. Also was können Sie dagegen tun?

Das Ziel ist einfach: Stoppen Sie Ihr Teufelchen und bringen Sie es auf Ihre Seite. Stellen Sie sich ein Teufelchen vor, das denkt, Sie seien der Beste seit Erfindung des Toastbrots.

Dem Teufelchen den Mund zu stopfen beginnt damit, einen Advokat einzustellen, der dem Teufelchen widerspricht, bevor die Emotionen überhaupt reagieren können. Er muss dafür allerdings bestens eingespielt sein. Glücklicherweise ist Ihr Teufelchen in der Regel nicht so raffiniert, wie es zu sein glaubt. Tatsächlich ist es ganz schön einfältig und bedient sich immer wieder ein und desselben Dialogs. Ihr Advokat muss also lediglich mit logischen Widersprüchen vorbereitet sein.

Gegenargumente. Ich setze mich oft mit meinen Schülern nach einer Runde zusammen und wir gehen dann noch einmal jedes Loch durch und picken die schlechten Schläge mit den dazugehörigen schlechten Gedanken heraus. Wir schreiben sie nieder und finden die entsprechenden guten Gegenargumente. Hier ein paar Beispiele:

- Teufelchen: „Die Leute schauen" – Advokat: „Wen interessiert das?"
- „Die werden denken, ich sei ein Anfänger" – „Wen interessiert, was die denken. Die können das doch auch nicht besser."
- „Ich werde mich blamieren!" – „Ich bin auch nur ein Mensch."
- „Den selben Fehler habe ich letzte Woche auch gemacht!" – „Auf der Driving Range hat es gut geklappt."

Die Emotionen werden beide Argumente genau überprüfen, bevor sie eine physische Reaktion herbeiführen. Sollten die Argumente Ihres Advokaten also überzeugend sein, werden Ihre Emotionen ruhig bleiben oder sogar ein positives Gefühl von Selbstvertrauen schaffen. Und sobald Sie darin etwas Übung bekommen haben, wird das Teufelchen aufgeben und damit aufhören, Sie zu kritisieren, weil es weiß, dass ihm der Advokat ohnehin widersprechen wird. Diese Methode wird in den meisten Situationen funktionieren, wenn auch nicht in jeder Situation.

Überzeugungen. Um den Kampf mit dem Teufelchen zu gewinnen, müssen wir verstehen, was es antreibt. Wenn Sie Ihrem Teufelchen ganz genau zuhören, werden Sie in seiner eigenen fehlgeleiteten Art und Weise erkennen, dass es Ihnen eigentlich helfen möchte. Es möchte Sie nämlich eigentlich davon abhalten, das zu tun, was Sie dazu bringt, verängstigt zu sein. Dabei basiert sein Urteil auf Ihren eigenen Überzeugungen.
Überzeugenssysteme sind unterbewusste Lebenshilfen, die eine automatisierte Reaktion auf verschieden Situationen erzeugen. Dabei sind diese Überzeugungen keineswegs vererbt. Ein Baby würde beispielsweise so lange mit einer Schlange spielen, bis es glaubt, dass diese gefährlich sei. Unser gesamtes Leben lang beurteilen wir andere und uns selbst. Wir werden von den Moralvorstellungen, dem Normen- und Wertesystem unserer Familien und Freunde beeinflusst, von Kollegen, Fremden und den Erfahrungen des Alltages. Wir werden täglich mit neuen Erlebnissen und Meinungen bombardiert, die nur darauf warten, zu einer neuen Überzeugung zu werden. Jede neue Überzeugung beginnt mit einem einfachen Kommentar, der durch welche Umstände auch immer irgendwann wiederholt wird. Nach einiger Zeit wird der Kommentar, ohne dass Sie es selbst bemerken, zu einer eigenen Überzeugung.

Falsche Überzeugungen. In dem Moment, wenn Sie in eine Situation geraten, in der eine Überzeugung gefährdet werden könnte, warnt Sie Ihr Teufelchen. Das kann ganz einfach ein „Bleib von der Schlange weg – Schlangen sind gefährlich!" sein. Oder ein allgemeines „Die Leute müssen mich mögen." Das Problem dabei ist, dass Sie Abertausende von Überzeugungen haben. Dabei sind natürlich nicht alle falsch, viele sind jedoch nicht gerade sehr hilfreich. Genau bei diesen muss der Kampf mit dem Teufelchen einsetzen. Finden Sie also die falschen Überzeugungen und ändern Sie sie.

Glücklicherweise ist es nicht so schwierig, Überzeugungen auszumachen, wie es scheint. Hinter jedem Kommentar Ihres Teufelchen verbirgt sich eine Überzeugung. Sie enthält sehr oft ein „müssen" oder „sollen". Zum Beispiel gehört zu dem Kommentar Ihres Teufelchens: „Die Leute beobachten mich." die mögliche Überzeugung: „Die Leute müssen mich mögen. Die Leute müssen mich respektieren. Es ist wichtig, was die Leute über mich denken." Wenn diese Überzeugung zutrifft, wird sie beinahe immer von dem schlechten Gefühl begleitet, das Sie bereits gewohnt sind. Es wird das Teufelchen somit motivieren, weitere Kommentare von sich zu geben. Es kann durchaus sein, dass Sie dem eben Genannten völlig zustimmen. Sollte dem so sein, müssen Sie Ihre Überzeugungen ändern.

Die Lösung ist einfach:

1. Machen Sie das auslösende Ereignis aus (Sie werden beobachtet).
2. Finden Sie die entsprechende Überzeugung („Die Leute müssen mich respektieren").
3. Konstruieren Sie eine neue Überzeugung („Es ist mir egal, was die Leute denken").
4. Wiederholen Sie diesen Satz mindestens drei Minuten pro Tag, bis die Überzeugung ausgetauscht ist und Sie auf die Situation nicht mehr reagieren.

„Richtige" Überzeugungen: Dann klappt es auch mit dem Teufelchen

Vergessen Sie dabei nicht, dass Sie zahlreiche Überzeugungen jahrelang wiederholt haben und somit Zeit brauchen, Ihren Einfluss zu verlieren. Mit etwas Geduld werden Sie Ihre Überzeugungen aber ändern können und somit Ihrem Teufelchen den Wind aus den Segeln nehmen, den Dialog zu starten. Wenn Sie dies mit Überzeugung tun, werden Ihre neuen Überzeugungen in Ihr Unterbewusstsein eingehen. Und das ist die Voraussetzung für gutes Golf. Zahlreiche Spitzen-Golfer wurden als dumm oder einfältig beschrieben, es ist jedoch keine Frage des IQ. Denn was alle Champions in allen Sportarten auszeichnet, ist ein ruhiger Kopf. Die inneren Dialoge, die sie auf dem Golfplatz führen, kommen bei ihnen gar nicht erst auf. Sie können am 18. Fairway bei den British Open stehen, ohne dabei sich selbst oder jemand anderes irgendwas beweisen zu müssen.

Damit Sie Ihr wahres Potential erreichen können, müssen Sie aufhören, sich sich selbst in den Weg zu stellen. Der Unterschied zwischen Champions und Verlierern ist nicht nur ihr Selbstbewusstsein, sondern das Fehlen von störenden Überzeugungen.

PRE-SHOT ROUTINE

Der einzige Weg, Ihre Möglichkeiten im Golf voll auszuschöpfen, ist, ohne störende Beeinflussung durch das Bewusstsein zu spielen. Der Schlag muss dafür voll automatisiert werden und Teil einer immer gleichen Routine werden. So können Sie dann – ganz gleich auf welchem Platz, bei welchem Wetter und mit welchem Schläger – jeden Schlag in gleicher Weise angehen, ohne darüber nachdenken zu müssen.

Die Vor-dem-Schlag-Routine. Mein Vorschlag für eine sinnvolle Schlag-Routine: Gehen Sie vor jedem Schlag drei bis vier Schritte hinter den Ball und stellen Sie sich genau vor, wie der Ball fliegen soll. Inklu-

sive Landung und Ausrollen (1). Wenn Sie sich den Ballflug exakt vorstellen können, greifen Sie den Schläger (2). Gehen Sie nun mit der Einstellung zum Ball, dass der Ball nicht anders kann, als exakt so zu fliegen, wie Sie sich das vorstellen und richten Sie den Schläger entlang der Ballflug-Linie aus (3). Nehmen Sie entlang der gleichen Linie die Ansprechhaltung ein (4). Und dann: Just do it (5)!

Keine Frage: Es ist ganz normal, wenn der Ball nicht jedes mal exakt so fliegt, wie Sie sich das vorgestellt haben. Davon müssen Sie sogar ausgehen – schließlich sind Sie kein Roboter. Trotzdem: Jedes mal, wenn Sie zum Ball gehen, müssen Sie hundertprozentig von Ihrem Ballflug überzeugt sein. Nennen Sie das ruhig einen unlogischen Optimismus – aber genau dieser Optimismus ist die Stärke der Pros!

Menschen sind Gewohnheitstiere. Indem Sie auf die selbe Art und Weise den Ball ansprechen, können Sie Ihre Gedanken dahingehend trainieren, dass Sie jedes Mal das gleiche denken.

DER CHIP

Up and in: Chippen ist ganz einfach! Jon Taylor zeigt Ihnen, wie es geht und worauf Sie achten müssen

Eines der Hauptprobleme des Wochenend-Golfers waren bisher die vielen unterschiedlichen Techniken, die er für jeden einzelnen Schlag lernen sollte. Nicht dass ich behaupten möchte, unterschiedliche Techniken für jeden einzelnen Schlag würden nicht funktionieren, aber warum sollen Sie sich das Leben schwerer machen als es ist?
Als Resultat stundenlangen Übens des Kurzen Spiels kann es durchaus passieren, dass Sie keinen vollen Schwung mehr hinbekommen, ohne dass sich der Ball dabei massiv vom Ziel wegdreht, sprich nur so sliced oder hookt. Der Grund dafür ist ganz einfach: Ohne ausreichende Übung aller Bestandteile des Golfspiels kann Ihr automatisiertes Unterbewusstsein nicht mehr zwischen den einzelnen Techniken unterscheiden und bringt diese durcheinander. Ich habe den Chip daher so neutral wie möglich gehalten, so dass er den Vollschwung weder begünstigt noch unnötig kompliziert. Um speziellere Schläge wie einen Lob oder einen gewünschten Slice zu spielen, werden Sie natürlich ein paar Änderungen am Schwung vornehmen müssen. Wenn Ihr Verständnis und Ihre Fähigkeiten soweit sind, dass Sie mit einem neutralen Schwung schlagen, werden Sie auch die neue Herausforderung meistern, ohne dabei zu riskieren, dass Sie ruinieren, was Sie sich mühsam erarbeitet haben.

Let's Chip. Wenn Sie den Chip analysieren, werden Sie feststellen, dass er nicht besonders schwierig ist. Der Ball muss lediglich ein paar Meter hoppeln, bevor er in Richtung Ziel ausrollt. Dazu kommt, dass das Loch nicht sehr weit weg ist, so dass der Chip nicht besonders viel Energie benötigt. Wir können daher beim Chip auf das dritte System, die Handgelenke, verzichten. Der Körper (System 1) und die Arme (System 2) reichen völlig aus. Wichtig: Ich chippe nur dann, wenn der Ball mindestens so weit rollen kann, wie er zuvor fliegen wird.

Ansprechposition. Meine Füße sind beim Chip etwas enger zusammen als normal (da ich die Standfestigkeit eines breiteren Standes nicht benötige). Die Füße und Hüfte zeigen zudem etwas nach links vom Ziel.
Beim normalen Vollschwung haben wir gesehen, dass sich die Schultern beim Ausholen weiter drehen, als die Hüften, und so den X-Faktor erzeugen. Genau dieser X-Faktor ist dafür verantwortlich, dass sich das linke Bein vor dem Treffmoment streckt und

Ausrichten: Füße und Hüfte zeigen leicht nach links, die Schultern zum Ziel

so den für den Schlag essentiellen Widerstand aufbaut. Weil Sie, um den Ball ein paar Meter zu chippen, nicht genauso viel Kraft benötigen, wie für einen vollen Schlag, müssen Sie Ihre Schultern beim Chip nicht so weit drehen wie beim Vollschwung. Aus diesem Grund erzeugen wir den X-Faktor schon in der Ansprechposition. Setzen Sie also Ihren linken Fuß etwa sechs Zentimeter zurück und Ihren rechten Fuß ungefähr drei nach vorne. Indem Sie Ihre Schultern parallel zum Ziel ausgerichtet lassen, sorgt die veränderte Fußstellung dafür, dass die Hüfte leicht nach links gedreht ist und so den X-Faktor aufbaut.
Wichtig: Das Gewicht liegt fast komplett auf dem linken Fuß. Arme und Hände unterscheiden sich nicht von einem normalen Schlag. Die Ball-Position sollte in etwa in der Mitte, also vor Ihrem Brustbein sein. Durch die Gewichtsverlagerung nach links ist die Drehachse knapp vor dem Ball, wodurch Sie den Ball automatisch im Abschwung treffen. Das verhindert, dass Sie den Boden anstatt des Balles treffen und erzeugt zudem zusätzlich wertvollen Backspin.
Der Körper muss keine so große Drehung machen wie beim Vollschwung, er dreht sich aber zusammen und synchron mit dem Armschwung. Dabei wird die Länge der Schwungbewegung von der nötigen Länge des Schlages bestimmt.
Genauso machen auch die Arme nur eine kleine Pendelbewegung. Sehen Sie sich die Bilder auf diesen Seiten in Ruhe an: Die Arme lassen den Schläger entlang der Ziellinie zurück und nach vorne pendeln. Der

Ballposition: Da das Körpergewicht mehr links liegt und der Ball vor der Mitte des Brustkorbes angesprochen werden soll, befindet er sich links von der Mitte der beiden Füße

Legen Sie beim Üben als Orientierungshilfe zwei Golfschläger auf das Fairway die Sie so ausrichten, dass sie zum Ziel zeigen

Kontrollierte Pendel-Bewegung: Während sich der Körper so gut wie nicht bewegt, pendeln die Arme ohne Handgelenkeinsatz aktiv zunächst nach hinten, und dann durch den Ball hindurch nach vorne. Der leicht geöffnete Stand erlaubt dabei . . .

Ball ist dabei einfach nur „im Weg". Wenn Sie genau hinsehen, werden Sie bemerken, dass der Schwung wegen der Kürze des Schlägers (Wedge) wirklich stark einer Pendelbewegung ähnelt.
Wichtig: Wenn ich einen längeren Schläger verwende, um einen flacheren Ballflug zu generieren, greife ich etwas kürzer. Egal mit welchem Schläger Sie chippen: Greifen Sie jeden Schläger so, dass Sie immer die Länge Ihres Wedges haben und sich jeder Chip, unabhängig von der Schlägerwahl, identisch anfühlt.

Die Gefahren. Achten Sie darauf, dass Ihre Wirbelsäule ruhig bleibt. Ganz so, als

... ein problemloses Pendeln der Arme und des Schlägers vor dem Körper.
Wichtig: Beim Chip verlagern Sie Ihr Gewicht während dem Schlag nicht! Und:
Bewegen Sie Ihren Kopf so gut wie nicht und schauen Sie dem Ball nicht zu früh hinterher!

würde jemand Ihren Kopf festhalten. Schauen Sie dem Ball nicht zu früh hinterher. Und nicht vergessen: Keine Gewichtsverlagerung!

Bei der kurzen Chip-Bewegung besteht die Gefahr, dass der Schläger im Gras hängen bleibt – lassen Sie daher Ihre Armen frei durch den Ball schwingen.

Tipp. Machen Sie auf der Driving Range vor dem Chippen ein paar halbe Schwünge ohne Handgelenkeinsatz, damit Ihr Körper merkt, dass der Chip lediglich eine kleinere Variante des normalen Schwunges ist. Verkürzen Sie den Schwung dann Schritt für Schritt, bis Sie die Pendelbewegung des Chips ausüben.

DER PITCH

Leicht geöffneter Stand, Schultern und Schläger zeigen zum Ziel: Pitchen ist ganz einfach, wenn man weiß, wie!

Heutzutage gibt es Wedges mit den unterschiedlichsten Lofts, so dass wir den Ball (zunächst) bequem pitchen können, ohne dabei viel am Schwung zu verändern. Die meisten Pros haben vier Wedges in ihrer Golftasche: Ein Pitching Wedge mit 45 bis 46 Grad Loft, ein Gap Wedge mit 50 bis 52 Grad, ein Sand Wedge mit 55 bis 56 Grad und ein Lob Wedge mit 58 bis 62 Grad (siehe Foto unten).

Diese Auswahl an Wedges erlaubt es, dem Ball eine unterschiedliche Flugkurve und unterschiedlichen Spin zu geben, ohne dabei das Schlägerblatt öffnen zu müssen und so mehr Loft zu generieren oder sogar den Ball zu „cutten" (siehe nächstes Kapitel).

Handgelenkeinsatz. Der Pitch sollte hoch fliegen und kurz rollen. Ganz gleich, mit welchem Wedge Sie pitchen: Sie benötigen dafür unbedingt Schlägerkopfgeschwindigkeit, welche Sie durch den richtigen Handgelenkeinsatz bekommen. Wie bereits in Kapitel „Power durch Widerstand" besprochen, wird der richtige Handgelenkeinsatz durch den im Durchschwung erzeugten Widerstand ermöglicht, wenn die Hüfte leicht kippt und so die laterale Bewegung stoppt.

Widerstand. Wie beim Chippen ist das Problem beim Pitch die Tatsache, dass der kürzere Schwung in Kombination mit einem parallelen Stand dazu führen würde, dass der angesprochene und entscheidende Widerstand zu spät käme – wenn überhaupt (kein X-Faktor). Sie müssen daher beim Pitch wie beim Chippen einen Punkt in Ihrem Golfschwung ändern: Die Ansprechposition. Und zwar müssen Ihre Füße ebenso wie die Hüfte leicht nach links vom Ziel ausgerichtet werden (etwa 30 Grad), während die Schultern, Hände und der Schläger – wie sonst auch – in Richtung Ziel zeigen. Ich würde Ihnen empfehlen, eine Routine zu entwickeln, wie Sie die Ansprechposition beim Pitch einnehmen:

Professionelle Auswahl: Lob-, Sand-, Gap- und Pitching-Wedge (v. l.)

Ausrichtung: Die Füße und Schultern zeigen ca. 30 Grad nach links vom Ziel, die Schultern exakt in Richtung Fahne

Der richtige Handgelenkeinsatz: Die beim Ausholen abgewinkelten Handgelenke strecken sich quasi durch den Treffmoment hindurch und winkeln dann wieder nach links ab

1. Nehmen Sie Ihre gewohnte Ansprechposition ein. Der Ball liegt dabei in der Mitte Ihres Brustkorbes. Der Stand ist etwas enger als normal.
2. Nehmen Sie Ihren linken Fuß etwa fünf bis sechs Zentimeter zurück und setzen Sie den rechten etwa drei bis vier Zentimeter nach vorne, so dass Sie den Stand öffnen.
3. Achten Sie darauf, dass Sie jedoch weder die Schultern noch das Schlägerblatt beim Öffnen des Standes verändern.
4. Verlagern Sie Ihr Körpergewicht etwas nach links (60 Prozent).

Let's pitch. Der Pitch beginnt wie der Chip, allerdings winkeln die Handgelenke ab, sobald Ihre Hände in etwa Oberschenkelhöhe erreicht haben (wie beim Vollschwung).

Wichtig: Der richtige Handgelenkeinsatz ist der Schlüssel beim Pitchen! Achten Sie darauf, dass Sie den Schläger beim Pitchen nicht zu fest greifen, gerade beim Abschwung. Nach einem derart abrupten Winkeln der Handgelenke herrscht im Abschwung oftmals eine hohe Spannung in den Handgelenken, die im schlimmsten Fall

2

3

4

5

Abwinkeln: Beim Ausholen. Wichtig: Bleiben Sie locker!

Strecken: Durch den Ball hindurch und „gegen" die linke Seite

einen „Shank" hervorruft, bei dem der Ball nicht mit dem Schlägerblatt, sondern der Schaftsohle (Schafthals) getroffen wird und somit nach rechts geht.

Je nachdem, wie weit Sie den Ball schlagen möchten, müssen Sie den Armschwung und die Schulterdrehung fortsetzen.

Die geöffnete Hüfte hat sich beim Ausholen so weit gedreht, dass sie nun in etwa parallel zur Ziellinie ist. So startet der Handgelenkeinsatz beinahe exakt zu Beginn des Abschwunges: Wenn die Handgelenke nach unten und in Richtung Ziel schwingen, beginnen Sie sich zu strecken und rotieren. Solange die Handgelenke locker sind, erfolgt der richtige Handgelenkeinsatz dabei geradezu von selbst. Die Kombination aus Schlägerkopfgeschwindigkeit, hohem Ballflug und

Und den Schläger gehen lassen: Beim Durchschwung

extremem Backspin sorgen dafür, dass der Ball auf dem Grün schnell liegen bleibt.

Ähnlich wie beim Chip können Sie die Flugkurve des Balls und die Rolldistanz verändern, indem Sie entweder die Ballposition oder den Schläger wechseln. Sollten Sie die Ballposition ändern, so würde ich nicht weiter nach rechts als bis zur Mitte Ihres Brustkorbes und nicht weiter nach links als bis zur linken Achsel gehen. Der Effekt der unterschiedlichen Ballposition ist ebenfalls ein anderer Loft des Schlägers im Treffmoment, ohne dabei den Schwung verändern zu müssen.

Der Vorteil dieses Basic-Pitch liegt darin, dass Sie Ihren Schwung nicht großartig verändern müssen und er für die meisten Annäherungen geeignet ist.

DER CUT SHOT

Funsport Golf: Ein perfekter „Cut Shot" macht richtig Freude. Jon Taylor zeigt Ihnen, wie dieser Spezialschlag geht

Wie Sie sicher schon beobachtet haben, machen Golfpros zum Teil sehr ungewöhnliche Schwünge, um ganz spezielle Ballflüge zu erzielen: Sie spielen den Ball in beeindruckenden Kurven um Bäume herum, schlagen ganz niedrig unter dem Wind hindurch oder sehr hoch über Hindernisse hinweg. Wenn Sie den Grundschwung verstanden und ausgiebig geübt haben, können Sie sich ebenfalls daran machen, die Grundregeln des Golfschwungs auszuweiten.

Back- und Sidespin. Der Cut Shot wird Ihr erster Schritt sein. Ihr Ziel ist es dabei, rund um das Grün mehr Back- und Sidespin als beim normalen Pitch zu generieren. Pros wählen diesen Schlag in den meisten Fällen bei kurzen Pitches oder aus dem Bunker. Indem Sie dem Ball mehr Spin und auch mehr Höhe als beim herkömmlichen Pitch verpassen, wird der Ball steil in die Luft steigen und auf dem Grün schnell liegen bleiben.

Hauptgefahr. Beim Cut Shot müssen Sie ein paar Dinge in Ihrer Ansprechposition und Ihrem Schwung verändern, die auch den Bounce Ihres Schlägers (die abgerundete Schlägersohle) beeinflussen werden: Das Leading Edge des Schlägerblattes (die Kante) liegt nicht mehr flach am Boden auf. Genau deshalb ist dieser Schlag so gefährlich! Sobald Sie diesen Spezialschlag von einer harten, nackten Stelle aus spielen (also ohne viel Gras unter dem Ball), gehen Sie das Risiko ein, den Ball zu toppen: Denn wenn der Bounce Ihres Schlägers den Boden berührt, besteht die Gefahr, dass das Leading Edge – und nicht das Schlägerblatt – den Ball trifft.

Der Vorteil des Cut Shot liegt darin, dass er Ihr Wedge oder Sand Wedge in ein Approach- oder Lob Wedge verwandelt und Sie somit nicht so viele verschiedene Wedges mit sich herumzuschleppen brauchen.

Slice-Gefahr. Das Hauptproblem für den Durchschnittsgolfer beim Cut Shot ist die Tatsache, dass dieser Spezialschlag einige Dinge, die Sie beim Grundschwung gelernt haben, regelrecht auf den Kopf stellt. Es kommt daher nicht gerade selten vor, dass man nach dem Cut Shot-Training anfängt, mit den langen Eisen zu slicen. Das liegt am unterschiedlichen Handgelenkeinsatz. Der untrainierte Körper hat in der Regel Probleme damit, die beiden verschiedenen Golfschwünge zu trennen und wird sie möglicherweise miteinander vermischen, wenn der Grundschwung nicht bereits in Fleisch und Blut übergegangen ist. Sie sollten daher sicher gehen, dass Ihr Grundschwung tief in Ihren Muskeln gespeichert ist – Sie also mindestens 1.800 Wiederholungen absolviert haben – bevor Sie sich an den Cut Shot heranwagen.

Ausgangsstellung. Die Ansprechposition (siehe nächste Seite) ist das Erste, was wir für den Cut Shot ändern. Wir wollen den Körper so ausrichten, dass die Arme ganz automatisch in Richtung links vom Ziel schwingen.

Nehmen Sie zunächst die gewohnte Ansprechposition eines herkömmlichen Pitches ein. Die Füße und die Hüfte zeigen nach links vom Ziel und die Schultern sowie der Schläger zeigen zum Ziel.

Öffnen Sie nun Ihr Schlägerblatt etwas und richten Sie Ihre Schultern und Füße dementsprechend weiter nach links aus. Indem Sie Ihr Schlägerblatt öffnen (es also nach rechts vom Ziel hin ausrichten) erzeugen Sie mehr Loft – und der Bounce Ihres Schlägers kommt ins Spiel. Ihr Schlägerblatt sollte nun genauso weit nach rechts vom Ziel zeigen wie Ihre Schultern nach links vom Ziel.

Es liegt auf der Hand, dass der Ball hoch und nach rechts fliegen wird, wenn Sie nun mit ihren Armen in Richtung Ziel schwingen. Hinzu kommt ein großes Risiko eines Shank (so nennt man den Fehlschlag, bei dem der Ball mit dem Schlägerhals getroffen wird und somit scharf nach rechts fliegt). Verge-

Ausrichtung: Ihre Füße u. Hüfte zeigen nach links vom Ziel, das Schlägerblatt nach rechts. Der Ball: Fliegt geradeaus in Richtung Fahne

Der Cut Shot: Der richtige Handgelenkeinsatz ist der Schlüssel zum Erfolg. Winkeln Sie beim Ausholen aktiv ab, ...

wissern Sie sich also, dass ausreichend Gras unter dem Ball ist und Sie den Ball nicht toppen werden.

Handgelenkeinsatz. Auch wenn der Körper und die Arme in einer ungewohnten Position sind machen sie dieselben Bewegungen, die Sie bereits gelernt haben. Es fühlt sich nur ungewohnt an, weil Sie damit rechnen, dass der Ball nach links vom Ziel fliegen müsste. Die wahre Herausforderung ist jedoch der Handgelenkeinsatz. Dabei winkeln die Handgelenke – wie bereits beim Pitch beschrieben – beim Ausholen nach

... strecken Sie die Handgelenke durch das Treffmoment hindurch ...

... und winkeln Sie dann aggressiv, mit der linken Hand quasi zum Körper hin, wieder ab

rechts ab und strecken sich durch den Ball hindurch. Dann müssen Sie dem Schläger jedoch mehr Loft geben, indem Sie das linke Handgelenk im Treffmoment nicht rotieren lassen, sondern zurück zu Ihrem Körper winkeln (siehe Fotos). Ich nenne das Cupping Release; Ihre Handgeleke müssen dabei quasi absichtlich „löffeln".

Die Geschwindigkeit dieses Schwunges und Handgelenkeinsatzes ist abhängig von der erwünschten Höhe und dem erwünschten Spin. Je aktiver Ihr linkes Handgelenk ist, desto weiter wird sich dabei Ihr linker Ellbogen nach außen beugen („Chickenwing"). Was bei anderen Schlägen als Fehler gilt, ist völlig in Ordnung, wenn Sie den Ball cutten oder lobben. Wichtig: Achten Sie auf eine konstante Schwunggeschwindigkeit, wobei der Rück- und der Durchschwung etwa gleich lang sein werden.

Sie können den Cut Shot mit allen Wedges und mit unterschiedlichen Cut-Graden versuchen – also mit unterschiedlich weit geöffnetem Stand und Schlägerblatt. So können Sie einen Ballflug finden, der Ihnen zusagt und mit dem Sie sich wohl und sicher fühlen. Seien Sie dabei auf keinen Fall ungeduldig, erwarten Sie nicht gleich zu viel! Beginnen Sie mit nur leicht geöffnetem Stand, Schultern und Schläger.

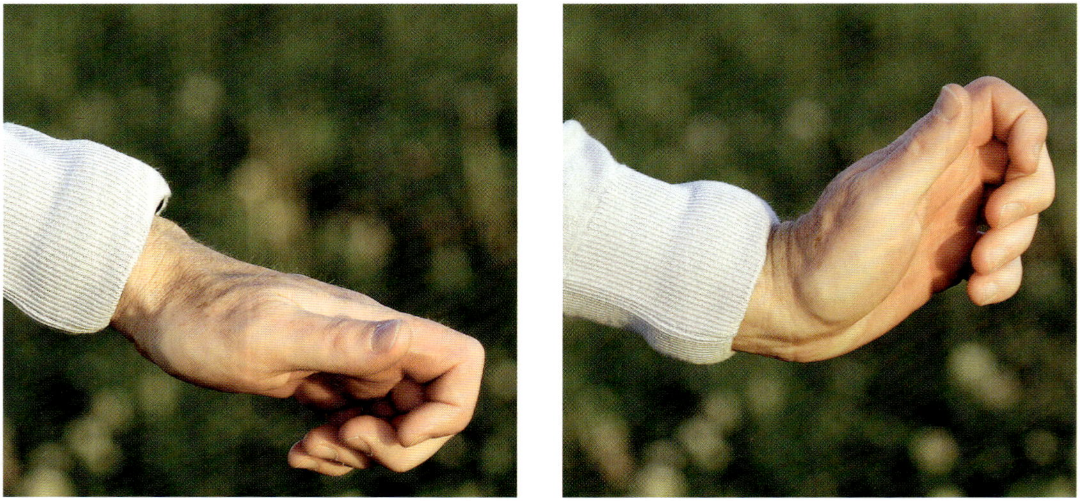

Klein aber entscheidend: Die Beugung des linken Handgelenks

„Chickenwing": Der linke Ellenbogen wird nach außen gebeugt

DER BUNKER-SCHLAG

Auch nur ein Pitch: Der Bunkerschlag. Wer seine Erwartungen nicht zu hoch schraubt und ein paar einfache Tipps befolgt, wird auch dieses Hindernis hinter sich lassen

Angst und übermäßiger Respekt sind meiner Meinung nach die beiden Hauptprobleme, mit denen der Durchschnittsgolfer zu kämpfen hat, wenn sein Ball in einem Bunker landet. Ihn hier wieder heraus zu bekommen, ist wirklich nicht so schwierig, wie es scheint! Das Problem liegt oftmals in den zu hohen Erwartungen eines Durchschnittsgolfers: Obwohl er das Spiel aus dem Bunker so gut wie überhaupt nicht trainiert, erwartet er, dass er den Ball genauso gut wie Tiger Woods vom Sand aus an die Fahne legen muss. Meiner Meinung nach sollte sich ein Golfer mit höherem Handicap damit zufrieden geben, wenn er es schafft, den Ball überhaupt aus dem Bunker zu bekommen. Der Durchschnittsspieler sollte sich als realistisches Ziel setzen, den Ball auf das Grün zu befördern. Und lediglich der fortgeschrittene Golfer sollte sich vornehmen, den Ball so nah ans Loch zu schlagen, dass er ihn anschließend mit einem Putt lochen kann. Abhängig von Ihren ganz persönlichen Erwartungen sollten Sie sich für eine Technik entscheiden: Entweder die des Standard-Pitchs oder die eines Cut- bzw. Lob Shots.

Pitch it. Ein herkömmliches Sandwedge hat 56 Grad Loft und etwa acht bis elf Grad Bounce. Das reicht in 99 Prozent der Fälle, um aus dem Bunker zu kommen, ohne das Schlägerblatt extra öffnen zu müssen. Soll heißen: Vergessen Sie die ausgefuchstesten Techniken, von denen Sie vielleicht bereits gelesen haben. Ein Standard-Pitch reicht durchaus, um den Golfball sicher aus dem Bunker zu befreien. Mein Tipp: Pitchen Sie und versuchen Sie nicht, den Ball aus dem Sand zu löffeln oder schaufeln. Der mentale Druck, den Ball möglichst schnell in die Luft zu bekommen würde nur dazu führen, dass Sie beim Schlag Ihre Haltung verändern und in Folge dessen entweder zu früh in den Sand schlagen oder diesen womöglich überhaupt nicht berühren, den Ball dann toppen und so weit über das Grün hinaus befördern. Wichtig: Der Bunkerschlag ist der einzige Schlag, bei dem Sie nicht den Ball treffen möchten, sondern einen kleinen „Sandteppich“ unter dem Ball. Dabei ist es entscheidend, dass Sie bei jedem Bunkerschlag exakt gleichviel Sand spielen. Daher mein Tipp: Üben Sie zunächst ohne Ball.

Ansprechposition. Nehmen Sie die selbe Ansprechposition ein, als wollten Sie den Ball pitchen: Die Schultern und das Schlägerblatt zeigen in Richtung Ziel, die Hüfte und Füße 30 Grad nach links. Graben Sie sich dann mit Ihren Füßen etwas in den Sand ein, bis Sie knapp zwei bis drei Zentimeter tiefer stehen, als der Ball liegt. Die Standtiefe ist nämlich verantwortlich dafür, wie viel Sand Sie schlagen. Sollten Sie sich nicht tief genug „eingraben“ können, müssen Sie etwas stärker in die Knie gehen.

Zeichnen Sie nun eine Linie in den Sand, und zwar exakt zwischen Ihren Füßen und eine zweite auf Höhe Ihrer linken Großen Zehe (siehe rote Linien).

Stellen Sie sich vor, der Ball läge zwei Zentimeter links von der „Mittellinie“. Schlagen Sie nun den Sand zwischen den beiden Linien weg und schauen Sie sich das so entstandene Sanddivot an. Üben Sie so lange, bis Sie bei jedem Schlag exakt die selbe Menge Sand wegschlagen – also jedes Mal ein identisches „Divot“ herausschlagen. Achten Sie darauf, dass Sie den Winkel Ihres Oberkörpers beim Schlagen nicht verändern, Sie also nicht zu

Ansprechposition: Leicht geöffneter Stand wie beim Pitch. Versuchen Sie, den Sand zwischen den beiden roten Linien zu schlagen – und nicht den Ball!

Pitch it: Der Stand ist leicht geöffnet, Schultern und Schlägerblatt zeigen zum Ziel. Schwingen Sie entlang der Ziellinie und versuchen Sie, . . .

früh aufstehen, um dem Ball hinterher zu schauen oder etwa einzuknicken, um vermeintlich besser unter den Ball zu kommen.
Wenn Sie gleichmäßige Sanddivots schlagen können, legen Sie einen Ball auf den „Sandteppich". Versuchen Sie nun, den Ball zu ignorieren und einfach wieder den Sand auf das Grün zu schlagen – und der Ball wird ganz automatisch mitfliegen. Um die Schlagentfernung zu dosieren, holen Sie einfach weniger stark oder weiter aus. Achten Sie jedoch darauf, einen einheitlichen Rhythmus beizubehalten und Ihre Handgelenke dabei locker zu lassen.

Der Cut Shot. Wie Sie bereits im letzten Kapitel lesen konnten, benötigen Sie für den Cut Shot mehr Loft und Spin als bei einem herkömmlichen Pitch. Aus tiefem oder schwerem Sand kann der Cut Shot Vorteile gegenüber dem Pitch haben. Der stärkere Bounce wird verhindern, dass sich der Schläger in den Sand eingräbt und somit die Energie aus dem Schlag nimmt.

... einen kleinen „Sandteppich“ zu schlagen, auf dem der Ball quasi „mitfliegt“

Nehmen Sie für den Cut Shot die selbe Ansprechposition wie beim Pitch ein und drehen Sie anschließend Ihren Körper weiter nach links. Öffnen Sie zudem exakt genauso weit Ihr Schlägerblatt. Ziel ist es erneut, in der Mitte zwischen den beiden Füßen in den Sand einzutauchen und etwa auf Höhe der linken Großen Zehe wieder „aufzutauchen“. Allerdings wird das „Divot“ beim Cut Shot entlang der Schulterlinie verlaufen – und nicht entlang der Ziellinie. Es ist absolut entscheidend, dass Sie entlang Ihrer Schultern schwingen – also in Richtung links vom Ziel. Ihre Handgelenke müssen im Treffmoment den Loft beibehalten, indem sie bis zuletzt in Richtung Ziel zeigen und Sie das linke Handgelenk nicht nach dem Treffmoment rotieren lassen aber zurück zu Ihrem Körper winkeln.

Last but not least. Das Bunkerspiel ist wie alles im Golf: Eine Frage der Übung. Wenn Sie regelmäßig trainieren, werden Sie auch die Angst vor dem Bunker verlieren!

DER PUTT

*Gewusst wie:
Mit der richtigen Technik
und viel Übung
werden Sie bald
zum Putting-Champion*

Der wichtigste Schlag im Golfspiel ist der Putt. Unser Ziel ist es deshalb, die Putt-Bewegung so einfach wie möglich zu halten und sie – nach biomechanischen und physiologischen Gesichtspunkten – gleichzeitig so natürlich wie möglich zu gestalten. Nur so können Sie Ihre Möglichkeiten optimal ausschöpfen und sich einzig und allein auf das Wesentliche und einzig Wichtige konzentrieren: Das Ziel und den Weg des Balles zum Ziel hin – also in das Loch.

Die dominante Hand. Wenn man Ihnen bisher gesagt hat, die linke Hand sei die Führungshand und die rechte zur Unterstützung, so vergessen Sie das am besten ganz schnell wieder.

Es ist doch einleuchtend und nur logisch, dass – ich spreche hier aus der Sicht eines Rechtshänders – die rechte Hand diejenige Hand ist, die wesentlich gefühlvoller, kontrollierter und somit zielgenauer ist. Die rechte Hand ist also folglich diejenige Hand, die die Führung übernehmen muss. Nur das entspricht der Anatomie des Menschen. Denn fest steht, dass die rechte Hand – beim Rechtshänder – über eine wesentlich bessere Feinmotorik verfügt, als die linke.

Übung 1. Wenn ich Sie bitte, einen Ball zum Loch hin zu rollen, dann wird Sie das ganz bestimmt vor kein großes Problem stellen! Ohne darüber nachdenken zu müssen, mit welcher Hand und wie genau Sie den Ball zum Loch hin befördern müssen, werden Sie ganz automatisch das Richtige machen und den Ball mit der rechten Hand von unten zum Loch rollen. Ganz automatisch wird die Handfläche dabei zum Ziel hin zeigen und der Arm wie ein Pendel erst ausholen und dann durchschwingen. Genauso einfach ist Putting! Mit dem kleinen Unterschied, dass Sie den Ball nicht in der Hand halten, sondern dass er vor Ihnen auf dem Boden liegt und Sie ihn mit dem Putter zum Ziel hin bewegen.

Doch da das Schlägerblatt jede kleinste Bewegung Ihrer rechten Hand mitmacht, ist das Grundprinzip beim Putt identisch mit dem Rollen des Balles mit der Hand. Machen Sie also beim Putten nichts anderes, als sich auf das Ziel und den Weg des Balles zum Ziel hin zu konzentrieren. Ganz intuitiv und vollkommen automatisch werden Sie dann die rechte Hand wie ein Pendel zum Ziel hin bewegen – und somit den Putter. Und mit dem Putter den Ball. Schließlich macht der Ball was der Putter macht, der Putter, was die rechte Hand macht.

Übung 1: Rollen Sie einen Ball zum Loch. Beobachten Sie dabei genau, wie der Ball hoppelt, rollt, einen Bogen macht, langsamer wird. Diese Erfahrung braucht Ihr Körper, um intuitiv beim Putt das Richtige zu tun

Übung 2: Nehmen Sie ohne Putter die Ansprechposition ein und legen Sie den Zeigefinger der linken Hand in die rechte, geöffnete Handfläche zwischen die Ballen und den linken Daumen auf das rechte Handgelenk. Schwingen Sie nun mit der rechten Hand zum Ziel. Automatisch werden Arme und Schultern mitpendeln

Übung 2. Gewöhnen Sie sich an die einfache, vielleicht im Moment noch etwas ungewohnte Bewegung, indem Sie zunächst ohne Putter die Ansprechposition einnehmen und mit der rechten Hand zum Loch schwingen. Halten Sie die Handfläche dabei offen und zum Ziel hin zeigend. Automatisch wird der rechte Arm mitschwingen. Legen Sie nun den Zeigefinger der linken Hand zwischen den Ballen der rechten Handfläche sowie den linken Daumen auf das rechte Handgelenk und wiederholen Sie den Schwung. Ganz von selbst werden jetzt die Schultern in den Armschwung integriert, was eine natürliche Pendelbewegung bewirkt. Eine natürliche und äußerst konstante Bewegung, gesteuert von Ihrer starken Hand: Der rechten Hand.

Hinweis. Versuchen Sie nicht, die Handfläche die ganze Zeit über exakt zum Ziel auszurichten. Aus anatomischen Gründen wird sich die Handfläche nämlich beim Ausholen leicht öffnen und beim Durchschwingen ein wenig schließen. Nehmen Sie, sobald sich

Wiederholen Sie die Übung nun mit Putter. Nehmen Sie dafür den Putter so in die Hand, dass er parallel zur rechten Handfläche ausgerichtet ist (siehe Kasten Seite 96). Schwingen Sie mit der rechten Hand zum Ziel. Zunächst noch ohne Ball und dann mit Ball. Denken Sie dabei nur an das Ziel und den Ballweg

die Pendelbewegung vertraut anfühlt, den Putter in die Hand. Und zwar so, dass das Putterblatt parallel zur rechten Handfläche ausgerichtet ist. Die optimale Griffhaltung, um die Bewegungen der rechten Hand eins zu eins auf den Putter zu übertragen, ist im Kasten auf Seite 96 beschrieben.

Wiederholen Sie nun erneut die erste bzw. zweite Übung: Schwingen Sie mit der Handfläche zum Ziel hin. Zunächst noch, bis Sie sich mit dieser Bewegung wohl fühlen, ohne Ball und anschließend mit Ball. Gewöhnen Sie sich daran, dass auf einmal der Ball im Weg liegt. Lassen Sie sich davon aber nicht weiter stören und konzentrieren Sie sich nur auf Ihr Ziel, zu welchem Ihre rechte Handfläche pendelt.

Vorbild. Bitten Sie Ihren Pro, auf diese Weise einige Putts zu machen und beobachten Sie seine Bewegung und das Rollen des Balles aus allen Blickwinkeln wie eine Videokamera. Versuchen Sie sich dabei genau einzuprägen, wie die Bewegung aussieht und wie der Ball rollt. Achten Sie genau auf Ballgeschwindigkeit, die Richtung sowie das langsame Ausrollen. Schließen Sie dann die Augen und schauen Sie sich die Puttbewegung vor Ihrem inneren Auge an. Wieder aus allen Richtungen. Denn alleine dadurch, dass Sie sich ein Bild von der Bewegung machen, beginnt Ihr Körper die Bewegung zu lernen und abzuspeichern. Wenn Sie sich schließlich selbst beim Ausüben der neuen Puttbewegung in allen Einzelheiten vorstellen können, werden Sie die Bewegung dann, wenn Sie selbst den Putter in die Hand nehmen, abrufen können, ohne darüber nachdenken zu müssen, was Sie eigentlich tun müssen. Visualisieren lautet das Stichwort. Alles was Sie tun müssen, ist sich vorzustellen, wie der Ball zum Ziel rollen soll. Schon bald werden Sie dann mit etwas Übung automatisch und intuitiv die optimale Haltung einnehmen und den Schwung richtig dosieren.

Ausrichtung. Letzte Saison habe ich über 120 Schüler getestet, um festzustellen, ob sie überhaupt ihren Putter korrekt auf das Loch ausrichten. Das alarmierende Ergebnis: Nur fünf taten dies. Und kein einziger hatte sich dazu bekannt, ein schlechter Putter zu sein. Wenn Sie auf einer Runde mehr als

Rechter Winkel:
Der Putter muss perfekt ausgerichtet sein

Ausrichtungshilfe:
Ein kleiner Laser zeigt die Richtung an

36 Putts benötigen, können Sie Ihr Putting durchaus steigern.

Befolgen Sie folgende simple Tipps für mehr Erfolg auf dem Grün:

Tipp 1. Der Schlägerkopf muss im rechten Winkel zum Ziel ausgerichtet sein – egal ob das Ziel das Loch ist oder der Punkt, an dem der Putt bricht (bei welligen Grüns).
Das klingt einfacher als es ist. Wegen des besonderen Winkels, mit dem Sie beim Putten über dem Ball stehen, mag die tatsächlich richtige Ausrichtung Ihres Putters für Sie nicht richtig erscheinen. Sie müssen daher so viele Bälle richtig ausgerichtet putten, bis Sie sich an diese Ansprechposition gewöhnt haben. Um dies zu tun, benötigen Sie Hilfe. Finden Sie daher einen Freund, der sich hinter Sie auf die verlängerte Ziellinie stellt und Ihnen hilft, sich korrekt auszurichten. Wenn Sie Probleme haben, jemanden mit der erforderlichen Geduld zu finden, können Sie sich auch der Technik bedienen: Kaufen Sie sich eine kleine Laser-Puttinghilfe, die Sie im rechten Winkel zur Schlagfläche auf Ihren Putter montieren können.
Wenn der Laser nicht auf das Ziel zeigt, heißt das nicht unbedingt, dass Sie eine Brille brauchen, sondern dass Sie an einer opti-

Augenmaß: Ihr linkes Auge sollte exakt über dem Ball sein

Ansprechposition: Ihr Gewicht sollte etwas mehr links liegen

Der Griff

Mit einem guten Griff ist der Putter nichts anderes, als die Verlängerung Ihrer rechten Hand. Er tut dann exakt das, was Ihre rechte Hand tut. Nehmen Sie den Putter dafür so in die rechte Hand, dass der Griff zwischen den Handballen und entlang des Zeigefingers liegt. Wichtig: Das Schlägerblatt ist exakt parallel zur Handfläche (1). Die linke Hand greift den Putter zur Unterstützung mit den letzten drei Fingern so, dass er ebenfalls zwischen den Ballen und dem Zeigefinger liegt (2). Legen Sie den Daumen der linken Hand nun auf das rechte Handgelenk und schließen Sie den Griff (3). Mit diesem – anfangs bestimmt noch sehr ungewohnten Griff – liegt der Putter sicher, kontrolliert und gefühlvoll in Ihren Händen (4). Sie werden sich sehr schnell an diesen Griff gewöhnen, da er sehr natürlich ist! Probieren Sie's aus (5)!

Visualisieren: Stellen Sie sich die Puttlinie vor Ihrem inneren Auge vor

schen Fehlinterpretation leiden. Heißt: Ihre Augen können beim Ansprechen des Balles von diesem Winkel aus nicht erkennen, wie die gerade Linie zum Loch verläuft. Die einzige Lösung ist, ihren Augen immer und immer wieder zu zeigen, wie der Putterkopf aussieht, wenn er richtig ausgerichtet ist. Das kann eine Weile dauern. Meiner Erfahrung nach handelt es sich um ein bis zwei Stunden Übung über mehrere Tage hinweg.

Tipp 2. Das Gleiche gilt für Ihre Schultern: Sie sollten ebenfalls zum Ziel hin ausgerichtet sein. Auch diese Frage kann nur mit Hilfe eines Partners geklärt werden, der Ihre Ausrichtung überprüft.

Tipp 3. Sprechen Sie den Ball so an, dass Ihre Augen über der Ziellinie sind. Das wird Ihnen sowohl bei der Ausrichtung als auch beim Visualisieren des Putts helfen. Das klingt einfacher als es ist!
Tipp: Nehmen Sie die Ansprechposition ein und lassen Sie einen Ball von Ihrem linken Auge aus fallen (s. Foto Seite 95). Exakt an der Stelle, an der der Ball landet, sollte der zu puttende Ball liegen. Wenn dies nicht der Fall ist, müssen Sie Ihre Ansprechposition ändern.

Tempo & Richtung. Stellen Sie sich den Putt, bevor sie ihn ausführen, vor Ihrem inneren Auge vor. Wenn Sie sich nicht vor-

Feel it: Klemmen Sie den Putter unter die Arme und pendeln Sie wie beim Putten hin und her. ...

stellen können, dass Sie den Putt lochen, werden Sie es auch nicht!

Wenn ich mich für die Geschwindigkeit und die Richtung eines Putts entscheide, vergleiche ich die aktuelle Situation mit den Putts, die ich bisher geschlagen habe. Es müssen keine technischen Kalkulationen durchgeführt werden. Sie müssen lediglich die aktuelle Situation mit Ihren Erfahrungen abgleichen.

Ich spiele Golf, seit ich zwölf bin – es ist also schwierig, einen Putt zu finden, den ich nicht schon geschlagen habe. Derselbe Gras-Typ, dieselbe Feuchtigkeit, identische Windbedingungen, dieselbe Neigung. Mein Kopf scheint die nötigen Berechnungen von ganz alleine zu machen, indem er mir vor meinem inneren Auge ein kleines Video vom richtigen Putt zeigt, bevor ich ihn dann ausführe. Wenn Sie ein Anfänger oder Golf-Neuling sind, wird Ihnen diese Erfahrung fehlen. Sie müssen sich unter allen Bedingungen vorstellen können, wie der Ball über das Grün rollt. Das können Sie nur durch Erfahrung lernen.

Training. Putting-Training sollte Spaß machen! Verwenden Sie daher verschiedene abwechslungsreiche Putting-Übungen. Putten Sie zum Beispiel neun Löcher auf dem Puttinggrün gegen Ihre Freunde und notie-

... Die Schultern sind dabei parallel zur Ziellinie

ren Sie sich die einzelnen Resultate. Wenn Sie das letzte Mal 20 Putts gebraucht haben, versuchen Sie es dieses Mal mit 19 Putts. Wenn Sie das letzte Mal aus einem Meter Entfernung sechs Putts in Folge gelocht haben, versuchen Sie dieses Mal die gleiche Anzahl aus zwei Metern zu treffen. Indem Sie Ihre Ergebnisse aufschreiben, werden Sie frühzeitig gewarnt, wenn Sie sich verschlechtern sollten.

Übungen. Für welche Übungen Sie sich auch entscheiden, führen Sie diese regelmäßig durch und variieren Sie, damit sie nicht langweilig werden.

- Nehmen Sie einen Eimer Bälle mit aufs Putting Grün und rollen Sie diese von unten zu verschiedenen Löchern. Beobachten Sie genau, wie die Bälle rollen, wie und wann sie brechen, wie schnell sie anfangen zu rollen und wann sie langsamer werden.
- Schauen Sie anderen Golfern beim Training zu. Stellen Sie sich dabei vor, wie der Ball Ihrer Meinung nach rollen wird und schauen Sie dann, ob er es so auch tut. Vergessen Sie dabei nicht, dass Fehler hierbei Teil des Lernprozesses sind – nächstes Mal werden Sie es besser wissen.
- Versuchen Sie schließlich, dass der Ball das tut, was Sie visualisiert haben. Auch dies ist eine Angelegenheit des Ausprobierens und Fehler machens. Sie können nicht erwarten, dass Sie ohne Erfahrung und Übung beurteilen können, wie weit Sie für einen zehn Meter-Putt auf einem schnellen Grün ausholen müssen.
- Putten Sie vier Bälle aus einem Meter Entfernung. Wenn Sie alle vier Bälle lochen, gehen Sie einen weiteren Meter zurück. Schieben Sie einen Ball vorbei, fangen Sie wieder von vorne an.
- Legen Sie zwölf Bälle in einem Kreis einen Meter um das Loch herum. Lochen Sie so viele Bälle wie möglich. Wenn Sie alle zwölf Bälle lochen, wiederholen Sie die Übung aus zwei Metern Entfernung.
- Putten Sie zehn Bälle auf ein Loch und zählen Sie, wie viele davon im Loch landen oder knapp hinter dem Loch liegen bleiben. Versuchen Sie, alle zehn Bälle in diesen Bereich zu putten und gehen Sie dann weiter vom Loch weg.

DIE SAFETY ZONE

Garantiert einlochen: Innerhalb der Safety Zone. Jon Taylor zeigt Ihnen, wie Sie Ihre Sicherheitszone maximieren

Jeder weiß, dass der Putt der wichtigste Schlag beim Golf ist. Doch: Was genau macht den Unterschied zwischen einem guten und einem schlechten Putter aus? Wie kann es sein, dass ein Pro weniger als 29 Putts auf der Runde benötigt, während Amateure Probleme haben, unter 40 Putts zu bleiben?

Was wirklich zählt. Unsere Untersuchungen in der The Move Academy haben eine erstaunlich einfache Antwort ergeben. Der Erfolg beim Putten hängt nicht vom Putting-Schwung oder der Fähigkeit das Grün zu lesen ab.
Selbst die Fähigkeit, den Putter korrekt auszurichten, ist bei weitem nicht der wichtigste Aspekt beim Putten. Die Analysen zeigen, dass ein konstanter Fehler dazu führt, dass dieser ebenso konstant – wenn auch unbewusst – korrigiert wird. Was also ist das Wichtigste beim Putten? Ich verrate es Ihnen: Es ist die Größe Ihrer Sicherheitszone!

Selbstbewusstsein. Der Hauptunterschied zwischen einem Amateur und einem Pro ist die Anzahl der Putts, die innerhalb von vier Metern fallen. Und noch viel entscheidender ist der Glaube daran, dass ein Putt innerhalb dieser Entfernung fällt. Wir haben herausgefunden, dass Tour Professionals zu 100 Prozent davon überzeugt sind, dass sie jeden einzelnen Putt aus einer Entfernung von bis zu zwei Metern lochen und sogar noch zu 80 Prozent aus bis zu vier Metern.
Natürlich weiß ich, dass sie nicht jeden Putt aus diesen Entfernungen einlochen; aber sie sind zumindest überzeugt davon!

Stellen Sie sich vor, dass Ihr Approach Putt oder Chip lediglich in einem Umkreis von vier Metern zum Loch liegen bleiben muss und Sie so sicher das Par spielen werden. Sie werden sich in diesem Fall keine Sorgen über den Putt machen. Tatsächlich werden Sie davon ausgehen, dass der Putt fällt, da die größte Sorge, der Putt könnte womöglich vorbei gehen, überhaupt nicht vorhanden ist.
Wie oft haben Sie schon einen einfachen Putt vorbeigeschoben, nur weil Sie Angst davor hatten, ihn vorbeizuschieben anstatt davon überzeugt zu sein, dass Sie den Ball ganz selbstverständlich einputten?

Kinderspiel: Annähern an ein Ziel mit 4 m Durchmesser

Alles andere als bequem: Die Sicherheitszone eines Amateurs

Die Sicherheitszone eines Pros: Recht komfortabel in allen Lagen

Kopfsache. Wie überall beim Golf hängt auch beim Putten vieles von Ihrem Kopf ab. Allerdings hat eine mentale Schwäche in keinem anderen Teil des Spiels derart fatale Folgen wie beim Putten. Wenn Sie nur jeden Putt mit der festen Überzeugung spielen könnten, den Ball einzulochen, wäre jeder Fehlputt nichts anderes als das Ergebnis eines Fehlers beim Lesen des Grüns oder schlicht eines schlechten Putts. Auf keinen Fall wäre das Zittern oder zaghafte Schwingen aus Angst oder Unsicherheit die Ursache für Ihren Fehler.

Die innere Überzeugung, der Glaube an Ihre Fähigkeiten, ist der Schlüssel zum Erfolg. Aber wie können Sie diese Überzeugung erlangen? Wie alles beim Golf geht es nur mit viel Übung. Gehen Sie nicht einfach nur aufs Putting Green und schlagen Sie Bälle ins Loch, sondern üben Sie konstruktiv! Die Mehrheit der schlechten Putter werden wir wahrscheinlich nicht auf dem Putting Green antreffen.

Und die wenigen, die tatsächlich auf dem Übungsgrün trainieren, üben in der Regel völlig verkehrt. Sie hören zum Beispiel viel zu selten wie es klingt, wenn der Ball ins Loch fällt, da Sie nur die langen Putts üben. Dabei ist der Klang eines fallenden Putts so eine schöne Sache, die Ihnen sehr vertraut werden sollte!

Üben Sie kurze Putts. Wann haben Sie zuletzt 30 Minuten lang Putts innerhalb eines Meters zum Loch trainiert? Sie werden vielleicht der Überzeugung sein, dass Sie diese Putts nicht zu trainieren brauchen – die sind doch geschenkt. Doch beim Turnier gibt es plötzlich keine geschenkten Putts!

Übung: Lochen Sie 100 Bälle, um Ihre Sicherheitszone zu erweitern

Monatsplan: In 30 Tagen die Sicherheitszone um 1,30 m vergrößern

Die Sicherheitszone. Finden Sie heraus, wie groß Ihre Sicherheitszone ist. Legen Sie dafür einen Ball direkt neben das Loch und putten Sie ihn ein. Achten Sie darauf, wie es sich anfühlt, wenn Sie sich 100-prozentig sicher sind, dass Sie den Ball einlochen. Das Gefühl in Ihrem Bauch ist das Gefühl absoluten Selbstvertrauens. Legen Sie den Ball nun Schlag für Schlag eine Ballbreite weiter vom Loch weg bis Sie sich nicht mehr zu 100 Prozent sicher sind, dass Sie den Ball lochen werden. Alles bis dahin ist Ihre Sicherheitszone. Stellen Sie sich vor, Sie würden um Ihr Auto putten: Sind Sie sich wirklich 100-prozentig sicher, dass Sie den Ball einlochen?

Selbstvertrauen ist der Schlüssel zum Erfolg. Das heißt, dass Sie nicht daran glauben werden, dass Sie den Putt aus einer bestimmten Entfernung mit absoluter Sicherheit lochen werden, bis Sie aus exakt dieser Entfernung 100 Bälle eingeputtet haben. Notieren Sie sich die kritische Entfernung und machen Sie von hier aus so viele Putts, bis Ihr Bauch Ihnen das Gefühl gibt, dass diese Entfernung sicher ist. Wandern Sie von Tag zu Tag um eine Ballbreite weiter weg vom Loch. Wenn Sie diese einfache Übung einen Monat lang jeden Tag machen, werden Sie eine Sicherheitszone von mindestens 1,30 m haben. Das bedeutet, dass Ihr Ziel für die Annäherung ein Kreis mit 2,60 m Durchmesser ist. Und in drei Monaten haben Sie dieselbe Sicherheitszone wie die Pros. Sie können Ihr Leben lang Abschläge trainieren und werden dennoch niemals die Entfernung eines Tiger Woods erreichen. Es gibt jedoch keinen Grund, warum Sie nicht genauso gut putten können sollten wie Tiger Woods!

SICHER VOM TEE

Treffsicher und lang mit dem Driver: Jonathan Taylor sagt Ihnen, wie

Einen Golfball gut zu driven hängt technisch gesehen davon ab, ob es Ihnen gelingt, das Schlägerblatt parallel zum Ziel mit soviel Schlägerkopfgeschwindigkeit wie möglich an den Ball zu bekommen. Das in Kombination mit der richtigen mentalen Einstellung, die Sie davon abhält, draufzuhauen, als wollten Sie den Ball sprichwörtlich erschlagen, anstatt darauf zu vertrauen, dass der Schläger die gewünschte Länge generiert.

Nach ausgiebigen Analysen kann ich Ihnen allerdings versichern: Es ist nicht so schwer, wie es zunächst scheint. Es ist sogar so, dass die meisten Fehler mit dem Driver ein und die selbe Ursache haben: Es gelingt nicht, den Schlägerkopf richtig zurück an den Ball zu bekommen. Ob Sie den Ball nun slicen, hooken, steil in den Himmel schlagen oder toppen: Schuld ist ein fehlerhafter Ballkontakt. Aber wie können Sie den Schlägerkopf bei einer derart schnellen Bewegung kontrollieren?

Als aller erstes brauchen Sie eine solide Basis für Ihren Schwung. Schließlich muss nicht nur der Ball große externe Kräfte aushalten, sondern auch Ihr Körper. Genau deshalb ist Ihre Ansprechposition essentiell.

Wichtig: Der Driver sollte den Ball bereits wieder in der Aufwärtsbewegung treffen, um einen höheren Abflugwinkel zu erzielen. Genau aus diesem Grund wird der Ball beim Driver etwas weiter links – gegenüber Ihrer linken Achsel – aufgeteet (siehe Fotos auf der nächsten Seite).

Das Erfolgsrezept für die Kontrolle über das Schlägerblatt im Treffmoment sind die mit dem Körper synchronisierte Wirbelsäule und Arme. Der übereifrige Golfer, der seinen Oberkörper und die Arme zu stark einsetzt, verliert Kontrolle. Um vom Tee weg Länge und Genauigkeit zu erzielen, müssen Sie die Beziehung zwischen Händen und Brust beim Golfschwung verstehen.

Einfach gesagt: Wenn es Ihnen gelingt, Ihren Brustkorb im Treffmoment wieder parallel zur Ziellinie zu haben, und wenn Sie einen guten Griff haben, wird der Ball geradeaus fliegen. Und je schneller der Schläger schwingt, desto weiter wird der Ball fliegen.

Die Beziehung zwischen Brustkorb und Händen resultiert aus der Ansprechposition. Das Geheimnis ist also, diese Beziehung während des Schwunges nicht zu verlieren. Obwohl Ihre Beine, Hüfte und Bauch im Treffmoment nicht wieder in ihrer Ausgangsposition sind: Ihre Hände und Ihr Brustkorb müssen!

Drehung. Entscheidender als mit jedem anderen Schläger ist beim Driver, dass Ihre Schultern beim Ausholen im Verhältnis zur Hüfte die richtige Drehung machen. Dieses Verhältnis, das Sie bereits aus den vorherigen Kapiteln als X-Faktor kennen gelernt haben, muss bis zum Treffmoment beibehalten werden. Das verschafft Ihnen die benötigte Zeit, um den Schläger zurück zum Ball zu bringen. Indem Sie den Widerstand, der sich dabei in der linken Körperhälfte aufbaut, im Treffmoment beibehalten, generieren Sie einen Energie-Transfer, der sowohl Weite als auch Genauigkeit möglich macht.

Um dies zu üben, brauchen Sie die Hilfe eines Freundes oder Partners. Das Gefühl im Treffmoment ist nämlich sehr ungewöhnlich und kann nur mit Hilfe simuliert werden.

Machen Sie einige lockere Schwünge ohne Ball. Dabei soll Ihr Partner versuchen, Ihren linken Oberarm im Treffmoment zu packen, was dazu führt, dass Ihre Handgelenke in

Ball-Position: Während der Ball bei den mittleren Eisen etwa mittig liegt, ...

... sollten Sie den Ball beim Driver gegenüber Ihrer linken Achsel aufteen

FEEL IT!

Gefühl. Wenn Sie etwas Neues lernen, ist das richtige Gefühl von entscheidender Bedeutung: Sie müssen genau wissen, wie sich das anfühlen soll, was Sie tun sollen. Mit Hilfe einer simplen Übung bekommen Sie das richtige Gefühl. Alles was Sie dazu brauchen, ist ein Partner und etwas Zeit auf der Driving Range.

Partner-Übung:
Wenn der Oberarm im Treffmoment gepackt wird, ist der Brustkorb parallel zur Ziellinie.

Das Schlägerblatt zeigt im Treffmoment von ganz alleine in Richtung Ziel

Energie-Transfer: Die Hüfte der meisten Spitzen-Golfer . . .

Richtung Ziel gelöst bzw. geschleudert werden. Indem die Körper- und Armbewegung im Treffmoment gestoppt wird, erzeugen Sie einen massiven Energie-Transfer. Genauso wie bei einem Auto, das gegen eine Wand fährt. Die Energie überträgt sich auf den Fahrer: Wenn er nicht angeschnallt ist, fliegt er aus dem Auto. Wenn der Golfschwung im Treffmoment gestoppt wird, hat das den gleichen Effekt: Der Schläger – vorausgesetzt Ihre Handgelenke sind locker – „fliegt" weiter in Richtung Ziel. Keine Frage: Natürlich ist das nur eine Übung und passiert so nicht im Golfschwung – aber diese Übung vermittelt Ihnen ein Gefühl von dem, was im Treffmoment passieren soll: Die Hüfte kippt, das linke Bein streckt sich, die Hüftdrehung stoppt, der linke Arm bleibt eng an der linken Brust und der Schläger „schleudert" durch den Ball.

Das Schwierigste daran ist, dass Sie im Treffmoment das Gefühl haben sollten, dass Sie keine Kontrolle über den Schlägerkopf haben – Sie kontrollieren den Schlägerkopf alleine durch die richtige Position Ihres Brustkorbes!

. . . ist im Treffmoment „gekippt". Die Schultern bleiben in den 300 ms, . . .

. . . die der Treffmoment dauert, automatisch parallel

Marcel Brunnthaler, seit 1997 Sport-Journalist und Fotograf, lebt in Grünwald und ist freiberuflich als Media Consultant in der Golf-, Sport- und Lifestylebranche tätig. Während er bis 2003 vor allem für verschiedene Sport- und Lifestyle-Magazine von Olympischen Spielen, Europa- und Weltmeisterschaften berichtet hat, berät Brunnthaler heute Unternehmen in der Kommunikation.

Bereits seit 1999 arbeitet Brunnthaler eng mit Jonathan Taylor zusammen, hat mit diesem über 35 Artikel in Fachzeitschriften lanciert sowie das Buch „Golf – Just move it!" (Albrecht Verlag 2001) herausgebracht.

2002 übersetzte er Bob Rotellas „Das Golf Ihrer Träume. Strategien für das bessere Handicap" (Copress Verlag) aus dem Englischen ins Deutsche. Der gebürtige Österreicher studierte Soziologie an der LMU München und ist Mitglied im Verband Deutscher Sportjournalisten, der A. I. P. S. sowie der Vereinigung deutscher Golfjournalisten VdGJ.

Jonathan Taylor, seit 23 Jahren Golf-Professional, lebt seit 1988 in Deutschland und ist Headpro der Golf Academy Harthausen/München The Move. Zusammen mit Prof. Klaus Schneider vom Institut für Sportwissenschaft und Sport, Universität der Bundeswehr München, hat der Engländer zunächst „The Move" und schließlich „Swing Simply" entwickelt. In diese neue Teaching Philosophie hat er modernste Entwicklungen aus allen Gebieten des Golfspiels miteinbezogen: Ballfluggesetze, Biomechanik, Physiologie und Psychologie.
Daneben ist er Autor in der Zeitschrift G.O.L.F.-TIME, in der seine erfolgreiche Trainingsserie bereits seit Juli 1999 läuft. Auch im Internet gibt Taylor interaktiven Golfunterricht: Unter *www.the-move.de* gibt er Surfern online wertvolle Tipps und beantwortet ihre Fragen.

Wir danken der Firma Ping, dem Islantilla Golf Club sowie dem Islantilla Golfresort für die freundliche Unterstützung bei der Produktion von „Swing Simply – Erstaunlich einfach: Golf lernen mit System".

Der Schlägerhersteller Ping stellte Golfequipment zur Verfügung. Für das gesamte Produktionsteam wurde das Foto-Shooting im südspanischen Islantilla dank der exklusiven Unterbringung im 4-Sterne Islantilla Golfresort sowie der freundlichen Atmosphäre in dem hervorragend gepflegten und abwechslungsreichen 27-Loch-Golfplatz Islantilla Golf Club beinahe zum Golf-Urlaub.